说文百家姓

邵鲁 编著

东方出版中心

图书在版编目（CIP）数据

说文百家姓 / 邵鲁编写. —上海：东方出版中心，
2023.4
    ISBN 978-7-5473-2123-2

    Ⅰ.①说… Ⅱ.①邵… Ⅲ.①《说文》–通俗读物 ②
《百家姓》–通俗读物 Ⅳ.①H161-49 ②H194.1-49

    中国版本图书馆CIP数据核字（2022）第249427号

说文百家姓

著　　者　邵　鲁
策　　划　刘　鑫
责任编辑　荣玉洁　刘　军
装帧设计　钟　颖

出版发行　东方出版中心有限公司
地　　址　上海市仙霞路345号
邮政编码　200336
电　　话　021-62417400
印 刷 者　山东韵杰文化科技有限公司

开　　本　890mm×1240mm　1/32
印　　张　6.25
字　　数　99千字
版　　次　2023年4月第1版
印　　次　2023年4月第1次印刷
定　　价　58.00元

前言

　　为了继承和发扬我国优秀的传统文化，凡我国人自应对自己使用的文字（汉字）有所了解。汉字历史悠久，是中华文化的重要载体。在我国，"文字学"这门学科亦有深厚的传统，它以研究汉字的形体构造、起源及发展为主，兼涉形、音、义的关系，对于我们加深对汉字及汉字文化的认识具有特别重要的意义。

　　东汉许慎所撰的《说文解字》是我国第一部分析汉字字形、解说汉字字义的著作，堪称汉字字典的始祖，也是我国文字学的奠基之作。清人段玉裁为之作注，著有《说文解字注》一书，书中旁征博引，对我们阅读《说文解字》有极大的帮助。

　　不过，没有文字学基础的青年朋友们读这部巨著必定有些困难。一是此书用的是繁体字，青年朋友们多不认识；二是此书中生僻字甚多，是阅读的拦路虎；三是这部书的表音方法用的是"反切"，如"东"字的反切注音是"德红切"。《说文解字》中的反切是北宋学者徐铉根据《唐韵》所注，为中古音，由于从中古至今汉字的读音变化较大，一些字很难用反切法切出现代汉语的读音。

为了让青年朋友们能顺利地阅读《说文解字注》，针对上述困难我做了以下工作：一是将原著中的繁体字改为简化字；二是给生僻字注上拼音，有的还加上释义；三是摈除"反切"，改用拼音。

此外，《说文解字》中解说的字有九千多个，段注也十分浩繁，短时间内难以卒读，只能从中选取一般读者较为熟悉的字，由此导入。于是我想到传布广泛的《百家姓》，只有五百多个字，何不依托此书将《说文解字注》介绍给读者呢？于是编写了《说文百家姓》这本书。

我编写《说文百家姓》的目的，不是让读者朋友们读《百家姓》，而是希望大家读一点儿《说文解字注》。

近代考古发掘中出土了很多甲骨、青铜器，其上刻（铸）的甲骨文、金文可以证明，许慎的有些解说是有问题的，段玉裁作出了一些订正，本书也引用了一些其他工具书供读者参考。本书所征引的原文依据上海古籍出版社1981年版的《说文解字注》，保留了古今字、异体字，并在其后加注今字、正体字。另外，本书虽为简体字体，但全都简化将导致字形说解不清，故在字头后括注繁体字（繁体与简体字形相同的则不再括注），说解字形时也保留繁体字形，如《说文》释"卫"为"从韦帀行"，释"顾"为"从頁，雇声"。本书保留繁体字形的另一种情况为：古文中本不相同的两个字形、简化后的简体字字形相同的，仍使用简化前的繁体字形，如"蟲"简化后与"虫"［huǐ］字形相同，为区分二字，故仍用"蟲"。

还须申明一点：一般书为读者查阅方便，往往有一篇索引。本书却有两篇，一篇是为了查阅方便，按笔画数排列；一篇是《百家姓》的全文，以方便大人教孩童诵读，同时也有查阅的功用。由于本人水平有限，谬误难免，希读者指正。

邵鲁

2022 年 11 月 21 日

简称说明

许——［东汉］许慎。《说文解字》的著者。

段——［清］段玉裁。为《说文解字》作注的人。

段引文——段玉裁引用他书的文字。书名略。

陆宗达——《说文解字通论》的著者。

康殷——《说文部首诠释》的著者。

《说文》——《说文解字》

《大典》——《中华大字典》

《古典》——《常用古文字字典》

《现典》——《现代汉语词典》

篆——小篆　　　　　甲——甲骨文

金——金文　　　　　籀——籀文

图——图画文字

摘录

《说文解字通论》引言

陆宗达

　　《说文解字》这部我国语言学史上的不朽名著，系东汉许慎撰。许慎字叔重，汝南召陵（今河南郾城）人。他编写《说文》……前后共二十多年，是作者花费了半生心血才写成的。

　　《说文》是我国语言学史上第一部分析字形、说解字义、辨识声读的字典。

　　《说文》就是文献语言学的奠基之作。

索引（一）

（字右边的数字为本书页码）

5

索引（二）

（数字为本书页码，连续相同页码略）

俞　任　袁23　柳　　鄪　鲍24　史　唐25

费　廉　岑26　薛　　雷　贺　倪27　汤

滕　殷28　罗　毕29　　郝　邬　安30　常

乐31　于　时　傅32　　皮　卞　齐33　康

五　余34　元　卜35　　顾　孟36　平　黄

和37　穆　萧　尹38　　姚　邵39　湛　汪

祁40　毛　禹　狄41　　米　贝　明42　臧

计43　伏　成　戴44　　谈　宋　茅45　庞

熊　纪46　舒　屈　　项47　祝　董　梁

杜48　阮　蓝　闵49　　席　季　麻50　强

贾　路51　娄　危52　　江　童　颜　郭53

梅　盛　林54　刁　　钟　徐55　邱　骆

高56　夏　蔡57　田　　樊　胡58　凌　霍

虞　万　支　柯　　　昝　管　卢　莫

59　　60　　61

经　房　裴　缪　　　千　解　应　宗

62　　　63　　　　64

丁　宣　贲　邓　　　郁　单　杭　洪

65　　　66　　67

包　诸　左　石　　　崔　吉　钮　龚

68　　　69

程　嵇　邢　滑　　　裴　陆　荣　翁

70　　71　　　　72

荀　羊　於　惠　　　甄　麹　家　封

73　　74　　　75

芮　羿　储　靳　　　汲　邴　糜　松

76　　　77

井　段　富　巫　　　乌　焦　巴　弓

78　　79　　　80

牧　隗　山　谷　　　车　侯　宓　蓬

81　　　82

全　郗　班　仰　　　秋　仲　伊　宫

83　　84　　85

宁　仇　栾　暴　　　甘　钭　历　戎

86　　87　　88

祖　武　符　刘　　　景　詹　束　龙

89　　90　　91

叶　幸　司　韶　　　郜　黎　蓟　薄

92　　93　　94

4

师　巩　厍　聂　　　　晁　勾　敖　融
　　130　　　　　　　131　　132

冷　訾　辛　阚　　　　那　简　饶　空
　　　　133　　　　　　134　　135

曾　毋　沙　乜　　　　养　鞠　须　丰
　　136　　　　　　　137

巢　关　蒯　相　　　　查　后　荆　红
138　　　139　　　　　　　　140

游　竺　权　逯　　　　盖　益　桓　公
141　　　142　　　　　　　　143

万　俟　｜　司　马　　　上　官　｜　欧　阳
　　　　144　　　　　　　　　　145

夏　侯　｜　诸　葛　　　闻　人　｜　东　方
　　　　　　　　　　　146

赫　连　｜　皇　甫　　　尉　迟　｜　公　羊
　　　　147　　　　　　　　　　148

澹　台　｜　公　冶　　　宗　正　｜　濮　阳
　　　　149

淳　于　｜　单　于　　　太　叔　｜　申　屠
150　　　　　　　　　　　　　　151

公　孙　｜　仲　孙　　　轩　辕　｜　令　狐
　　　　　　　　　　　152

钟　离　｜　宇　文　　　长　孙　｜　慕　容
153　　　　　　　　　　154

鲜　于　｜　闾　丘　　　司　徒　｜　司　空
155　　　　　　　　　　156

亓官　司寇　仉督　子车
157

颛孙　端木　巫马　公西
158　　　159

漆雕　乐正　壤驷　公良
160　　　　　　161

拓跋　夹谷　宰父　谷梁
162

晋楚　闫法　汝鄢　涂钦
163　　　164　　165

段干　百里　东郭　南门
166

呼延　归海　羊舌　微生
167　　168

岳帅　缑亢　况后　有琴
169　170　　171

梁丘　左丘　东门　西门
172　　　　　173

商牟　佘佴　伯赏　南宫
174　　　　　175

墨哈　谯笪　年爱　阳佟
176　　　177

第五　言福　百家　姓终
178

6

1 赵（趙）zhào

𧾷，趐（趨）赵（超腾、轻捷）也。从走，肖声。（形声）《辞源》征引《穆天子传》："天子北征，赵行□舍。"郭璞注："赵，犹超腾。舍，三十里。"此有兼程并进之意。（此句中的赵字，即用赵的本义。）

2 钱（錢）qián

錢，銚也，古者田器。从金，戋〔jiān〕声。（形声）段注："《檀弓》注曰：古者谓钱（货币）曰泉布。……秦汉乃假借钱为泉。"《辞源》："作为货币的钱，古代其形象农器。战国晚期始有圆周方孔形之钱。"

3 孙（孫）sūn

孫，子之子曰孙。从子，从系。系，续也。（会意）《辞源》："孙"通"逊"，念xùn。

（《尚书·尧典》：“帝尧……将孙于位。”后裔统称子孙。）

4 李 lǐ

萃，果也。（果树名）从木，子声。（形声）《辞源》：“行李，使者。”《左传·僖公三十年》：“行李之往来。”注：“行李，使人。”又：“出行时携带的衣装。”唐白居易诗：“闻君每来去，矻矻事行李。”（《现典》：“矻矻〔kū kū〕：勤劳不懈的样子。”）

5 周 zhōu

周篆　囲甲　㘞金

周，密也。从用口。（会意）段注：“善用其口则密。”《古典》：“甲文，在田中加四个点，象田中农作物稠密，表密意。”周朝是农业兴盛的国家，故以此字为国名。金文下面加口形，表示此字为国名。（仅备一说）

6 吴（吳）wú

吳，大言也。姓也，亦郡也。从矢[cè]口。（会意）"矢"下段注："矢，象头倾，因以为凡倾之称。"此字下段注："大言非正理也，故从矢口。"又："大言者，吴字之本义也，引申之为凡大之称。"段注："（《诗经》）传笺皆云：吴，哗[huá]也。……然则，大言即谓哗也。"《古典》："姓、郡之训，当为假借意。"

7 郑（鄭）zhèng

鄭，京兆县。段注："今陕西同州府华州州城北有故郑城。"周厉王子友所封。从邑，奠声。（形声）宗周之灭，郑徙溱[zhēn]洧[wěi]之上，今新郑是也。段注："至汉为河南郡新郑。……今河南开封府新郑县西有故郑城。"《现典》："郑重。"

8 王 wáng（姓）　wàng

王篆　大甲　王金

王，天下所归往也。三画而连其中谓之王。三者，天地人也，而参通之者王也。（指事）《古典》："甲、金文均斧形，为武器名，古代统治者用以征服天下之物，故引申为有最高权力的人——君主。"（据甲、金文，王应为象形字。）

9 冯（馮）féng（姓）　píng

篆，马行疾也。从馬，仌［bīng］声。（形声）（古又同"凭"。《论语》中"暴虎冯［píng］河"的"冯河"，为徒足涉河。）

10 陈（陳）chén

陳，宛丘也。舜后妫［guī］满之所封。从阜［fù］，从木，申声。（形声）段注："今河南

陈州府治是其地。……《毛传》曰：四方高中央下
曰宛丘。……俗假为陙［zhèn］列之陙。陈行而陙
废矣。"

11 褚 chǔ（姓） zhǔ

褚，卒也。从衣，者声。一曰装也。（形
声）《说文》释"卒"曰："卒，隶人给事者为卒。""装"
下段注："束其外曰装。故著絮于衣亦曰装。"

12 卫（衞）wèi

衞，宿卫也。从韦帀行，行［háng］，列
也。段注："韦者，圍（围）之省。围，守也。帀
［zā］，匊也，韦亦声。"（会意兼形声）

13 蒋（蔣）jiǎng（姓） jiāng

蔣，苽［gū］（菰）也。从艸［cǎo］，将

［jiàng］声。（形声）《辞源》："又为国名。见《左
传·僖公二十四年》。又作人姓。"

14 沈 shěn

沈，陵上滈［hào］（久雨）水也。从水，
冘［yín］声。（形声）（谓大山上蓄积的雨水。）

15 韩（韓）hán

韓，井桥也。从韦，取其帀［zā］也。
倝［gàn］声。（形声）（指井上的汲水装置——辘轳
的架子。）

16 杨（楊）yáng

楊，蒲柳也。从木，昜［yáng］声。（形
声）段注："蒲，盖本作浦。浦，水濒［bīn］也。"（一

6

种生在水边的树。）

17 朱 zhū

𣎳，赤心木，松柏属。从木，一（符号，可念某）在其中。段注："朱本木名，引申假借为纯赤之字。……赤心不可像，故以一识［zhì］之。"（此字为独立图形加纯符号构造的字，为六书中的指事。）

18 秦 qín

𥠮，伯益（舜时东夷部落的首领）之后所封国。地宜禾。从禾，舂省。（会意）《字源》："举两手舂米。因秦地宜禾，遂以此字为地名。"

19 尤 yóu

𡙕，异也。从乙，又声。（形声）

20 许（許）xǔ

訏，听言也。从言，午声。（形声）段注：
"耳与声相入曰听。引申之凡顺从曰听。"

21 何 hé

何，儋［dān］也。一曰谁也。从人，可
声。（形声）《辞源》："儋，通'担'。背曰负，肩曰儋。"

22 吕 lǚ

吕，脊骨也。象形。段注："吕象颗颗相承，
中象其系联也。"

23 施 shī

施，旗皃［mào］（貌），从㫃［yǎn］，也
声。（形声）齐栾施字子旗，知施者旗也。

《说文》释"㫃"曰:"㫃,旌旗之游。"《辞源》:"游,古代旌旗的下垂饰物。"

24 张（張）zhāng

张，施弓弦也。从弓，长声。（形声）（谓拉紧弓弦。）

25 孔 kǒng

孔，通也。从乞［yǐ］子，乞（不是甲乙之乙），请子之候鸟也。乞至而得子，嘉美之也。故古人名嘉字子孔。段注:"会意。"又:"孔训通，故俗作空穴字多作孔，……为假借。"

26 曹 cáo

曹，狱两曹也。从㯥（音义皆不知），在廷东也。（段注:"其制未闻。"）从曰，治事者也。段注:

9

"谓听狱者。"又:"两曹,今俗所谓原告被告也。……引申为辈也、群也。"(会意——据朱骏声《说文通训定声》)

27 严(嚴)yán

嚴,教命急也。从叩[huān](段注:"敦促之意。"),厰[yín]声。段引文:"事严,丧事急。"可见严字之义主要指急。(形声)

28 华(華)huā huá huà(姓)

華,荣也。从艸[cǎo]华[huā]。段注:"华亦声。此以会意包形声也。""俗作花。其字起于北朝。"

29 金 jīn

金篆 ：金金 ：金金 金金

金，五色金也。段注:"白金、青金、赤金、黑金合黄金为五色。"黄为之长。段注:"故独得金名。"久埋不生衣，百炼不轻，从革不韦。段注:"谓顺人之意以变更成器，虽屡改易而无伤也。"西方之行。段注:"以五行（金木水火土）言之为西方之行。"生于土，从土。丷又注，象金在土中形。今声。（形声）凡金之属皆从金。康殷:"丷为金（金文）本字，象两枚铜锭形。后加全、全，即王字，乃斧头，表示丷乃铸造斧之原料。许误以王之省形为土。"

30 魏 wèi

魏，高也。从嵬〔wéi〕，委声。（形声）段注:"后人省山作魏，分别其义与音。"（今巍念wēi，魏念wèi。）

31 陶 táo

陶，再成丘也，在济阴。段注："一成为敦丘，再成为陶丘。……《地理志》曰：济阴郡定陶县，《禹贡》陶丘在西南。按定陶故城在今山东曹州府定陶县西南，古陶丘在焉。"从阜［fù］，匋［táo］声。（形声）古代有堆土成山的事。《论语·子罕》："譬如为山，未成一篑，止，吾止也。"

32 姜 jiāng

姜，神农居姜水，因以为姓。从女，羊声。（形声）

33 戚 qī（姓）　cù

戚，戉［yuè］（大斧）也。从戉，尗［shū］声。（形声）段注："引申之义为促迫。而古书用戚者，俗多改为慼。……又引申训忧。"

34 谢（謝）xiè

謝，辞去也。从言，躲（射）声。（形声）
段注："引申为凡去之称，又为衰退之称。俗谓拜赐
曰谢。"

35 邹（鄒）zōu

鄒，鲁县。古邾娄国。帝颛顼之后所
封。从邑，芻［chú］声。（形声）段注："今山东
兖州府邹县县东南二十六里有古邾城。"

36 喻 yù（《说文》未收录"喻"，参考"谕"）

諭，告也。从言，俞声。（形声）段注：
"谕或作喻。"

37 柏 bǎi （姓）　bó　bò

柏，鞠（椈者鞠之俗）也。从木，白声。
（形声）《广韵》:"柏，木名。"

38 水 shuǐ

水 篆 水 甲 水 甲 水 甲

水，准也。北方之行（行，五行：金木水
火土。古人以五行对应五方，北方属水），象众水
并流，中有微阳之气也。（象形）段注:"准，平
也。天下莫平于水。"康殷:"甲文象川河水流之形。水
象川河，川盖象飞溅两岸的水花。水省作水，恐非什
么微阳之气。造字初民，断无易派大经师阴阳五行奥
妙的学问。"

39 窦（竇）dòu

竇，空也。从穴，瀆［dú］省声。（形声）
段注："空孔古今语。凡孔皆谓之窦。"

40 章 zhāng

章，乐［yuè］竟为一章。从音十。十，
数之终也。段注："歌所止曰章。"《现典》："歌曲诗
文的段落。"

41 云 yún

雲（雲），山川气也。从雨，云象回转
之形。凡雲之属皆从雲。段注："小篆加雨于
上，遂为半体会意、半体象形之字矣。……古文云为
象形。"

云（云），古文省雨。段注："'二'，盖上字。
象自下回转而上也。（据《字源》，二代表天空。）……

15

古多假云为日。如'诗云'即'诗曰'。"《辞源》:"云、雲均作姓用。"

42 苏（蘇）sū

𦱷，桂荏［rěn］也。从艸［cǎo］，稣［sū］声。（形声）段注:"桂荏，今之紫苏（草名，入药）。"

43 潘 pān

𣶏，淅［xī］米汁（淘米水）也。一曰潘水，在河南荥［xíng］阳。从水，番声。（形声）

44 葛 gě

𦶆，绤［chī］绤［xì］艸（草）也。从艸，曷［hé］声。（形声）（一种草本植物，纤维可织

16

布。)《现典》:"绨,细葛布;绤,粗葛布。"

45 奚 xī

奚,大腹也。从大,𢇁〔xì〕省声。𢇁,
籀文系。(形声)段注:"豕部豯下曰:豚生三月,
腹奚〔xī〕奚皃。古奚豯通用。"

46 范 fàn

范,艸(草)也。从艸,氾〔fàn〕声。(形声)

47 彭 péng

彭,鼓声也。从壴〔zhù〕,从彡〔shān〕。
"鼓"下段注:"壴者,鼓(同'鼓')之省。从彡犹从
三。"(会意)《辞源》:"古时常以三表示多数。"

48 郎 láng

郎，鲁亭也。从邑，良声。（形声）段注：
"郎，鲁邑。高平方舆县东南有郁郎亭。"《说文》释
"亭"曰："亭，留也。盖行旅宿会之所馆。"《辞源》：
"亭，行人停留宿食的处所。秦汉制度，十里一亭。"
段注："以郎为男子之称及官名者，皆良之假借字也。"

49 鲁（魯）lǔ

魯，钝词也。从白 [zì]（自的省形），鱼声。
段注引孔安国注《论语》曰："鲁，钝也。"（《论语·先
进》："参 [shēn] 也鲁。"）

50 韦（韋）wéi

韋篆 亳甲 呈金 圖图

韋，相背也。从舛 [chuǎn]，口 [wéi]

（《说文》有囗部，释囗曰"回也"）声。兽皮之围（绕）可以束物，枉戾［lì］相韦（违）背，故借以为皮韦（革）。（形声）《字源》："一个圆圈的四周四只脚。表示四面围绕的意思，后简化成了上下两脚，变成现在的'韦'字。再加'囗'就是'围'。"《古典》："(韦）乃'违'之本字。"

51 昌 chāng

昌，美言也。从日从曰。一曰日光也。《诗》曰：东方昌矣。段注："《齐风》：'东方明矣，朝［cháo］既昌矣。'""引申之为凡光盛之称。"（会意）

52 马（馬）mǎ

馬，怒也，武也。段注："以叠韵为训，亦门，闻也；户，护也之例。"象马头髦尾四足之形。（象形）段注："古无努字，只用怒。"《释名》曰：

19

"大司马，马，武也。"（怒即努。又如《庄子·逍遥游》："鹏……怒而飞。"怒，通"努"，训振奋。又如怒放、怒号、怒涛中的"怒"，均非愤怒之"怒"，而与"努"意相通。）

53 苗 miáo

🌱，艸［cǎo］（草）生于田者。从艸田。（会意）段注："何休曰：苗者禾也。生曰苗，秀（谷类抽穗开花）曰禾。《仓颉篇》曰：'苗者，禾之未秀者也。'……艸生于田，皮傅（肤浅见解）字形为说而已。"

54 凤（鳳）fèng

鳳篆 羽甲 羽甲

鳳，神鸟也。天老（黄帝臣）曰：凤之象也，麟前鹿后，蛇颈鱼尾，龙文龟背，燕颔鸡喙，五色备举。出于东方君子之国，翱翔四海之外，过昆仑，饮砥柱，濯羽弱水，暮宿风穴，见［xiàn］则天下大安宁。从鸟，凡声。朋，古文凤，象形。凤飞群鸟从以万数，故以为朋党字。段注："盖朋者，最初古文。"《古典》："（甲）字象头上有毛冠的鸟形。加 ¤（凡）为声符。"

55 花 huā

华，艸［cǎo］木華（华）也。从 ㅆ［chuí］，亏「yú」声。（形声）《古典》高鸿缙曰："按字（甲、金）原象形。秦人或加艸为意符，遂有華字。及后華借用为光華意。六朝人另造花字。日久而華字为借意所专，花字遂独行。"康殷："许篆讹作华，木干中断，失形。又误解作'从 ㅆ，亏声'。"

56　方 fāng

方篆　方甲　方甲

方，并船也。象两舟省，总头形。段注："下从舟省而上有并头之象。故知并船为本义，编木为引申之义，又引申之为比方，……又引申之为方圆，为方正，为方向。又假借为旁。"康殷："商人称其他部族等为方，鬼方、虎方等。疑方象颈部有钳的人形。许解肯定已误。"

57　俞 yú

俞，空中木为舟也。从亼[jí]，从舟，从巜[kuài]。巜，水也。段注："合三字会意。"《说文》释"亼"曰："亼，三合也。……读若集。"

58　任 rén（姓）　rèn

任，保也。从人，壬声。段注："上文云

'保，养也'。……引申之凡儋何［hè］（担荷）曰任
［rèn］。"

59 袁 yuán

袁，长衣皃［mào］（貌）。从衣，叀
［zhuān］省声。（形声）段注："此字之本义。今只谓
为姓，而本义废矣。……盖从古文叀而省。"

60 柳 liǔ

柳，小杨也。从木，丣声。丣，古文
酉。段注："杨之细茎小叶者曰柳。"

61 酆 fēng

酆，周文王所都，在京兆杜陵西南。
从邑，豐［fēng］（丰）声。（形声）段注："今陕

西西安府东南十五里有故杜陵城。"

62 鲍（鮑）bào

𩵋，馐[yì]鱼也。从鱼，包声。（形声）
段注："盐鱼湿者为馐鱼。"

63 史 shǐ

𠶷篆 𠭙甲 𠭳金

𠶷，记事者也。段注："动则左史书之，言
则右史书之。不云记言者，以记事包之也。"从又
持中。中，正也。段注："君举必书。良史书法不
隐。"《古典》："最初史的意义只能大致认为（据甲、
金）是古人手拿枒槎当武器，从事狩猎、作战。"（据
徐中舒说。）（会意）

64 唐 táng

啺，大言也。从口，庚声。（形声）段注：
"引申为大也。"（汉枚乘《七发》云"浩唐之心"。）
"又为空也，如梵书云：'福不唐捐。'"

65 费（費）fèi

費，散财用也。从貝，弗声。（形声）

66 廉 lián

廉，仄［zè］也。从广［yǎn］，兼声。（形
声）段注："此与广为对文。谓偪［bī］（逼）仄也。……
引申之为清也，俭也，严利（厉）也。"《说文》释
"广"曰："广，因厂［hǎn］（山崖石穴）为屋也。"

67 岑 cén

岑，山小而高。从山，今声。（形声）

68 薛 xuē

薛，艸[cǎo]（草）也。从艸，辥[xuē]声。（形声）

69 雷 léi

雷，阴阳薄动生物者也。从雨，畾象回转形。（合体象形）段注："薄，音博，迫也。阴阳迫动，即谓雷也。迫动下文所谓回转也。……许书有畕[jiāng]无畾。……以畾象其回转之形，非三田也。"

70 贺（賀）hè

賀，以礼物相奉庆也。从贝，加声。

（形声）段注："贺之言加也，犹赠之言增也。……或假贺为儋何字也。儋何，俗作担荷［hè］。"

71 倪 ní

倪，俾［bǐ］也。从人，兒声。（形声）《说文》释"俾"曰："俾，益也。"段注："然则，倪亦训益也。……《尔雅》：'左倪不类，右倪不若。'……借倪为睨［nì］也。《庄子》：'不知端倪。'……借倪为题也。题者，物初生之题（物之端）也。"

72 汤（湯）tāng（姓）shāng

湯，热水也。从水，昜［yáng］声。（形声）

73 滕 téng

滕，水超踊也。从水，朕（朕）声。（形声）

74 殷 yīn（姓） yān yǐn

殸篆 卂甲

殸，作乐［yuè］之盛称殷。从月［yī］殳
［shū］。（会意）段注："此殷之本意也。……引申之
为凡盛之称（如：殷实），又引申之为大也（如《庄
子·山水》：此何鸟哉？翼殷不逝），又引申之为众也
（如《诗·郑风》：士与女，殷其盈矣），又引申之为正
也、中也（如《书·禹贡》：九江孔殷。如《书·尧
典》：日中星鸟，以殷仲春）。乐者，乐［lè］其所自
成，故从月（月，归也）。殳者，干戚（兵器）之类，
所以舞也。"《古典》："应改为'疾病之盛称殷'。甲文
殷字从身从攴［pū］，象人患腹疾用器以治疗之。它和
作乐舞干戚之形毫不相涉。（器，指按摩器。）"

75 罗（羅）luó

羅，以丝罟［gǔ］（网）鸟也。从网，从
维。（会意）下段注引文："鸟罟谓之罗。""维"下段
注："凡相系者曰维……。《管子》曰：'礼义廉耻，国

28

之四维。'"

76 毕（畢）bì

畢，田（同"畋"）网也。从田，从
芈[bān]象形，或曰田声。段注："谓田猎之网
也。……谓以芈象毕形也。柄长而中可受，毕与芈同，
故取芈象形。……会意而象其形，则非形声也。……
今'尽'义通作毕。"

77 鄠 hǎo

鄠，右扶风鄠[hù]盩[zhōu]厔[zhì]
乡。从邑，赤声。（形声）（今改作周至。在陕西
省西安市西南。）

78 鄔（鄔）wū

鄔，太原县。从邑，乌声。（形声）段注：

"今山西汾州府介休县县东三十五里有故邬城。"

79 安 ān

宨，静也。从女，在宀［mián］（深屋）中。（会意）

80 常 cháng

常（常），下帬［qún］（同"裙"，下裳）也。从巾，尚声。裳（裳），常或从衣。段注："引申为经常字。"（形声）

81 乐（樂）lè（姓） yuè（姓）

樂，五声八音总名。象鼓鼙［pí］。木，虡［jù］（悬挂乐器的木架）也。（合体象形）段注："宫商角［jué］徵［zhǐ］羽（相当于简谱的1、2、3、

5、6），声也。丝竹金石匏［páo］土革木，音也。乐之引申为哀乐［lè］之乐。鼓大鼖小，中（ ）象鼓，两旁（ ）象鼖也。"

82 于 yú（姓） xū

于，於［wū］也。象气之舒亏。从丂［kǎo］（气不通畅），从一（符号，可念某）。一者，其气平也。（指事）段注："於者，古文乌（ ）也。'乌'下云：孔子曰：'乌亏呼也。'……盖于於二字在周时为古今字。"《古典》引王筠《说文释例》："于当为吁［xū］之古文。诗皆连嗟言之。'于［xū］嗟麟兮'。"

83 时（時）shí

時，四时（春夏秋冬）也。从日，寺声。（形声）段注："引申之为凡岁月日刻之用。"

84 傅 fù

傅，相 [xiàng] 也。从人，尃 [fū] 声。（形声）《辞源》:"傅，辅佐。"

85 皮 pí

皮，剥取兽革者谓之皮。从又，为（为）省声。（形声）《大典》:"生曰皮，理之曰革，柔之曰韦。"

86 卞 biàn

《说文》无卞字。陆宗达:"《说文》皃 [mào] 部，弁是或体兑字。汉隶变为丌，后正楷写作卞。《说文》弁 [biàn] 冕也。（可知：卞的原意是冕。今用作法度急躁等义。）"《大典》:"姓也。"

87 齐(齊)qí

齊篆 艸甲 氷金

齊，禾麦吐穗上平也。象形。段注:"从二者，象地有高下也。禾麦随地之高下为高下，似不齐而实齐。参差其上者，盖明其不齐而齐也。引申为凡齐等之义。"康殷:"(甲、金)为切割方正整齐的肉块形，用以表示整齐之意。"

88 康 kāng

穅(穅，同"糠")，谷之皮也。从禾米，庚声。康(康)，穅或省作。(会意兼形声)

89 五 wǔ

X，五行也。从二(段注:"象天地")，阴阳在天地间交午也。段注:"此谓×也。即释古文之意。水火木金土相克相生，阴阳交午也。"×，古文五如此。《古典》："✕ 之本义当为收绳器。甲文有的作☰，因易与三（四）相混，又以 ✕ 代之。"

90 余 yú

余，语之舒也。从八（段注："象气之分散"），舍省声。段注："余之引申训为我。……余、予古今字。凡言古今字者，主谓同音，而古用彼今用此异字。"（形声）

91 元 yuán

元篆 丂甲 亻金

元，始也。从一，兀［wù］声。（形声）《古典》："甲、金文元字的下面都是'人'，而以'一'或'·'指明它的部位正是人的头部。'寇'字表示手执武器入屋内击人头部。'冠'字表示人用手（寸）拿

34

帽（冖 mì）戴在头（元）上。古籍中'元'还作人头用。"如《左传》："狄人归其元。"后才引申为始。

92 卜 bǔ

卜篆 丫甲 卜甲 卜金

卜，灼剥龟也。象炙龟之形。一曰象龟兆之纵横也。（象形）《古典》："甲、金象龟兆纵横之形，故以之表示占卜之义。"

93 顾（顧）gù

顧，还视也。从頁［xié］（头），雇声。（形声）段注："回首曰顾，析言之为凡视之称。……引申为临终之命，曰顾命。又引申为语将转之词（如：但是、反而）。"《现典》："拜访：三顾茅庐。"

94 孟 mèng

𢁾，长［zhǎng］也。从子，皿声。（形声）段注："《尔雅》：'孟，勉也。'此借孟为猛。"

95 平 píng

亐，语平舒也。从亏八。（亏，见82"于"）八，分也。（会意）段注："分之而匀适，则平舒矣。""引申为凡安舒之称。"

96 黄 huáng

黄篆 黄甲

黄，地之色也。从田，炗声。炗，古文光。（形声）康殷："甲文黄可视为正视人形。田疑为玉环形。概即璜字初文。借声为黄色字。许误解为从田从光。"

97 和 hé

咊，相应也。从口，禾声。（形声）段注："古唱和字不读去声。"

98 穆 mù

穆，禾也。从禾，㣎[mù]声。（形声）段注："盖禾有名穆者也。凡经传所用穆字，皆假穆为㣎。㣎[mù]者，细文也。……凡言穆穆，於[wū]穆、昭穆，皆取幽微之义。《释训》曰：'穆穆，敬也。'《大雅·文王传》曰：'穆穆，美也。'"

99 萧（蕭）xiāo

蕭，艾蒿也。从艸[cǎo]，肃声。（形声）

100 尹 yǐn

尹篆 尺甲 尺金

尹，治也。从又丿[piě]。握事者也。
（形符加图形丿的会意字。）段注："又（手）为握，丿
为事。"《古典》李孝定释"尹"曰："尹之初谊当为官。
尹（甲、金）字乃象以手执笔之形。盖官尹治事必秉
簿书，故引申得训治也。笔形略作丿也。"（许说丿为
事，存疑。）

101 姚 yáo

姚，虞舜居姚墟，因以为姓。从女，兆
声。或为姚娆[rǎo]（烦扰）也。（形声）段注：
"美丽姚冶。"《大典》："娆冶，妖美貌。"

102 邵 shào

邵，晋邑也。从邑，召 [shào] 声。（形声）段注："今山西绛州垣曲县东有邵城。"

103 湛 zhàn

湛，没 [mò] 也。从水，甚声。（形声）段注："按直林切 [chén]……。大徐宅减切 [zhàn]，未知古义古音也。"

104 汪 wāng

汪，深广也。从水，㞷 [huáng] 声。一曰汪，池也。（形声）段注："今俗语谓小水聚曰汪。"

105 祁 qí

祁，大 [tài]（太）原县。从邑，示声。
（形声）段注："今山西太原府祁县县东南七里有故祁城，
汉县治也。《毛传》云：'祁，大也；祁祁，舒迟也；祁
祁，徐皃也；祁祁，众多也。'皆与本义不相关。"

106 毛 máo

毛，眉髪 [fà]（头发）之属及兽毛也。
象形。陆宗达："不生五谷曰不毛。"诸葛亮《出师
表》："五月渡泸，深入不毛。"毛、苗古音同。毛为苗
之借字。不毛，亦指不种桑麻。

107 禹 yǔ

禹，蟲 [chóng] 也。从厹 [róu]。象形。
段注："夏王（大禹）以为名，学者昧其本义。"

108 狄 dí

狄，北狄也。从犬，亦省声。（形声）段
注："亦当作束〔cì〕。"

109 米 mǐ

米甲　米甲

米，粟实也。象禾实之形。（象形）《古
典》引罗振玉曰："象米粒琐碎纵横之状（甲）。许书
作米形稍失矣。"陆宗达："（米）中的十字标识什么物
象呢？它什么也不标识，不过是在字形中间画个十字，
使方块字笔画分布匀整而已。"

110 贝（貝）bèi

貝篆　貝甲　貝金　貝金

貝，海介（有甲壳的蟲类和水族）蟲〔chóng〕

也。段注:"介蟲之生于海者。"古者货贝而宝龟。段注:"谓以其介为货(币)也。"周而有泉。段注:"谓周始有泉,而不废贝。"至秦废贝行钱。《古典》:"甲、金文皆象贝之形。"(象形)

111 明 míng

〖字形图〗篆 〖字形图〗甲 〖字形图〗甲 〖字形图〗金

〖字形图〗,照也。段注:"火部曰:照,明也。"从月囧[jiǒng](窗明亮)。段注:"囧亦声,不言者,举会意包形声也。"《古典》:"(金)象月照窗牖之形。"

112 臧 zāng

臧,善也。从臣,戕[qiāng]声。(形声)《说文》释"臣"曰:"臣,事君者。"

113 计（計）jì

計，会〔huì〕也，算也。从言十。（会意）段注:"会，合也。……算，数也。"《说文》释"十"曰:"十，数之具也。"

114 伏 fú

伏，司〔sì〕也。从人犬。犬司人也。段注:"司，今之伺字。凡有所司者必专守之。伏伺即服事也。引申之为俯伏，又引申之为隐伏。""犬司人，谓犬伺人而吠之，说此字之会意也。"

115 成 chéng

成，就也。从戊，丁声。（形声）"戊"下段注:"郑注《月令》曰：戊之言茂也。万物皆枝叶茂盛。"《广韵》曰:"就，成也。"

116 戴 dài

戴，分物得增益曰戴。从异，弐[zāi]声。（形声）《说文》释"异"曰："异，分也。"段注："引申之，凡加于上皆曰戴。"《现典》："戴帽子，戴花。"

117 谈（談）tán

談，语也。从言，炎[yán]声。（形声）段注："谈者淡也，平淡之语。"

118 宋 sòng

宋，居也。从宀[mián]（房屋）木。读若送。（会意）段注："此义未见经传。"徐铉曰："木者，所以成室以居人也。"

119 茅 máo

茅，菅［jiān］也。从艸［cǎo］，矛声。（形声）《现典》:"茅，白茅。多年生草本植物。花穗上密生白毛。"

120 庞（龐）páng

龐，高屋也。从广［yǎn］（房屋形），龍声。（形声）段注:"引申之为凡高大之称。"

121 熊 xióng

熊，兽，似豕。山居，冬蛰。从能，炎省声。（形声）《古典》引高鸿缙曰:"熊乃火光耀盛之形容词。从火，能声。后世借兽名之能以为贤能、能杰等义，乃通假火盛之熊以为山居冬蛰之兽名。久假不归。许君未能辨之矣。"

122 纪（紀）jǐ

紀，别丝也。从糸 [mì]，己声。（形声）段注:"别丝者，一丝必有其首，别之是为纪。……引申之为凡经理之称。《诗》:纲纪四方。"《古典》:"金文作己。丝缕之数有纪。引申作纪纲、纪律、纪年。"

123 舒 shū

舒，伸也。从予 [yǔ]，舍声。一曰:舒缓也。（形声）段注:"物予人得伸其意。"（说"从予"之意。）

124 屈 qū

屈，无尾也。从尾，出声。（形声）段引文:"屈，短也；奇，长也。凡短尾曰屈。"段注曰:"引申为凡短之称。……今人屈伸字古作诎申，不用屈字。"

125 项（項）xiàng

項，头后也。从頁［xié］（头），工声。（形声）段注："头后者，在头之后。"

126 祝 zhù

祝，祭主赞词者。从示，从儿（人）口。段注："此以三字会意。谓以人口交神也。"

127 董 dǒng

董，鼎董［dǒng］也。从艸［cǎo］，童声。杜林曰：藕根。（形声）段注："亦作董。古童重通用。……藕根，犹荷根也。"

128 梁 liáng

梁，水桥也。从木水，段注："会意。" 刅

［chuāng］声。（会意兼形声）段注："梁之字用木跨水，则今之桥也。"

129 杜 dù

杜，甘棠也。从木，土声。（形声）段注："棠不实，杜实而可食，则谓之甘棠。……借以为杜塞［sè］（同'堵塞'）之杜。"

130 阮 ruǎn

阮，代郡五阮关也。从阜，元声。（形声）《大典》："阮，古代国，在今山西。"

131 蓝（藍）lán

蓝，染青艸［cǎo］也。从艸，监［jiān］声。（形声）

132 闵（閔）mǐn

閔，弔者在门也。从文，門声。（形声）
段注"弔"字曰："弔，谓有死丧而问（哀悼、慰问）
之也。"段注："引申为凡痛惜之辞。俗作悯。"

133 席 xí

席，藉［jiè］也。从巾，庶省声。（形声）
段注："其方幅如巾也。""藉本祭藉，引申为凡藉之
称。"《现典》："1. 用竹篾等编成的片状物：草席、凉
席；2. 座位。"

134 季 jì

季，少［shào］称也。从子，稚省。稚
亦声。（会意兼形声）段注："叔季皆谓少者，而季又
少于叔。"《辞源》："伯仲叔季为兄弟长幼之序。"

135 麻 má

麻，枲[xǐ]也。从林[pài]（苴麻之名），从广[yǎn]（房屋）。林，人所治也，在屋下。段注："会意。""林必于屋下绩[jì]之，故从广。然则未治之谓枲，治之谓之麻。以已治之称加诸未治，则统谓之麻。"

136 强（強）qiáng

強，蚚[qí]也。从虫[huǐ]（蛇名），弘声。（形声）（《辞源》："蚚，蟲[chóng]名。"）段注："假借为彊[qiáng]弱之彊（强）。"

137 贾（賈）jiǎ（姓） jià gǔ

賈[gǔ]，市也。从貝，西[xià]声。（形声）段注："凡买卖之称也。……引申之凡卖者之所得，买者之所出，皆曰贾。俗又别其字作價（价）。"（《论

50

语·子罕》:"我待贾者也。"朱熹注:"贾音嫁。")

138 路 lù

蹈，道也。从足，各声。(形声)《尔雅》:
"路，大也。"段注:"此引申之义也。"《古典》:"路弓
乘矢(《史记·武帝本纪》),'路'即'大'义。"

139 娄（婁）lóu

婁，空也。段注:"凡中空曰娄。……凡一实
一虚、层见叠出曰娄。人曰离娄，窗牖曰丽廔，是其
意也。……古有娄无廔。"从毋，从中女。段注:
"从毋，犹从无也。无者空也。从中女，谓离卦（☲），
离中虚也。皆会意也。"

140 危 wēi

危，在高而惧也。从厃 [wěi]，人在厓

［yá］（山边）上，自卩［jié］（节制）止之。（会意）《说文》释"厂"曰："厂，仰也。"

141 江 jiāng

江，江水。出蜀湔氐［jiān dī］徼［jiào］（边界）外岷山，入海。从水，工声。（形声）

142 童 tóng

童，男有罪曰奴，奴曰童，女曰妾。从辛［qiān］（罪），重省声。（形声）段注："今人童仆字作僮，以此为僮子字。"

143 颜（顏）yán

顏，眉之间也。从頁［xié］（头），彦声。（形声）

144 郭 guō

郭，齐之郭氏墟。从邑，𩫏 [guō] 声。（形声）段注："郭本国名……郭国既亡，谓之郭氏墟。……郭氏墟在齐境内。……今以为城郭字，又以为恢廓字。"

145 梅 méi

梅，枏 [nán]（楠）也。可食。从木，每声。（形声）段引文："梅树……谓楠树也。"段注："后世取梅为酸果之名，而梅之本义废矣。"

146 盛 shèng （姓）　chéng

盛，黍稷在器中以祀者也。从皿，成声。段注："形声包会意。""盛者，实于器中之名也。故亦呼器为盛。如《左传》言酒一盛……引申为凡丰满之称。今人分平去，古不分也。"

147 林 lín

，平土有丛木曰林。从二木。（会意）《古典》："林，只从二木，不见平土之义。二木含多义。"故《广雅·释诂》："林，众也。"此为引申义。《现典》："林林总总，形容繁多。"

148 刁 diāo

《说文》无刁字。《大典》："姓也。狡诈也。刁刁，动摇貌。"

149 钟（鍾）zhōng

，酒器也。从金，重声。（形声）段注："古者此器盖用以贮酒。……故量之大者亦曰鍾。引申之义为鍾聚。"《现典》："钟，集中。钟爱、钟情。"作姓氏时写作"鍾"。

150 徐 xú

徐，安行也。从彳［chì］（示动符号），余声。（形声）

151 邱 qiū

邱，地名。从邑，丘声。（形声）《辞源》："相传齐太公封于营丘（丘即邱）。"段注："今制，讳孔子名之字曰邱。"《辞源》："属山东省。"

152 骆（駱）luò

骆，马白色黑鬣［liè］（马狮等颈上的长毛）尾也。从馬，各声。（形声）

153 高 gāo

高篆 高甲 髙金

高，崇也。象台观［guàn］高之形。段注：
"谓合也。"从冂［mì］口［wéi］。与仓舍同
意。段注："仓舍皆从口，象筑（捣土之杵）也，合
与中（指仓舍二字中的部分字形）皆象高。"《古典》：
"甲、金象高楼台层叠形。人象上屋，冂象下屋，口象
上下层之户牖。"（孔广居说）

154 夏 xià

夒，中国之人也。从夂［suī］（人股足
形），从頁［xié］（头），从臼［jū］。臼两手，夂
两足也。（合体象形）段注："（中国之人）以别于北
方狄、东北貊［mò］、南方蛮闽、西方羌、西南焦侥
［yáo］、东方夷也。夏引申之义为大也。"

155 蔡 cài

蒸，艸［cǎo］丰［jiè］（芥）也。从艸，祭声。（形声）段注："草生之散乱也。"陆宗达："蔡，训草。此即治田拔除不尽的余草。"

156 田 tián

田，陳［zhèn］也。树谷曰田。象形。口［wéi］十，千百（原文作"阡陌"，段玉裁以《说文》无"阡陌"二字而改为"千百"）之制也。段注："陳者列也。……口与十合之，所以象阡陌之一纵一横也。"《字源》："外围代表田区，内十代表阡陌。"陆宗达："田之一字含有两义：一为田猎之田（畋），一为田耕之田。"

157 樊 fán

樊，鸷［zhì］（马重貌）不行也。从犾

57

［pān］（⺇，古攀字）棥［fán］（藩，篱笆）。棥亦声。（会意兼形声）段注："《庄子》:'泽雉畜乎樊中。'樊，笼也。亦是不行意。"

158 胡 hú

胡，牛顄［hàn］（下巴）垂也。从肉，古声。（形声）段注："牛自颐至颈下垂肥者也。引申之凡物皆曰胡。如老狼有胡，鶘胡，龙垂胡髯是也。……经传……胡训何。"

159 凌（朕）líng

朜，仌［bīng］（冻）出也。从仌，朕［zhèn］（朕）声。（形声）䘆，朕或从夌（líng）。

160 霍 huò

䨥，飞声也。从雨雔［chóu］（双鸟）。雨而雔飞者其声霍然。（会意）段注:"引申为挥霍。……俗作霍。"

161 虞 yú

虞，骓虞也。白虎黑文，尾长于身，仁兽也。食自死之肉。从虍［hū］（虎），吴声。（形声）段注:"此字假借多而本义隐矣。"（如欢乐）《现典》:"猜测、忧虑、欺骗。"

162 万（萬）wàn

萬，蟲［chóng］也。从厹［róu］，象形。段注:"假借为十千数名……久假不归，学者昧其本义矣。"为何从厹? "盖其虫四足象兽。"《说文》释"厹"曰:"厹，兽足蹂地也。"段注:"足着［zháo］地谓之厹。"

163 支 zhī

支，去竹之枝也。从手持半竹。（会意）康殷据金文鼓（鼓）认为："支象鼓桴〔fú〕（鼓棰）形。"

164 柯 kē

柯，斧柄也。从木，可声。（形声）段引文："伐木之柯，柄长三尺。……按柯斧者，大斧也。"

165 昝 zǎn

昝（朁），曾〔zēng〕也。从日，兂〔zēn〕声。（形声）《说文》释"曾"曰："曾，词之舒也。"段注："曾之言乃也。……曾字古训乃，子登切〔zēng〕，后世用为曾经之义，读才登切〔céng〕。此今义今音，非古义古音也。"徐铉曰："今俗有昝字，盖朁之讹。"

166 管 guǎn

箮，如箎［chí］（古代的竹管乐器），六孔。从竹，官声。（形声）段注："箎有七孔……管之异于箎者，孔六耳。"

167 卢（盧）lú

盧，饭器也。从皿，虍［lú］声。（形声）段注："饭器，以柳为之。"

168 莫 mò（姓）　mù

莫，日且冥也。从日，在茻［mǎng］中，茻亦声。（会意兼形声）段注："且冥者，将冥也（今作暮）。……引申之义为有无之无。"

169 经（經）jīng

經，织从［zòng］（纵）丝也。从糸［mì］（细丝），坙［jīng］声。（形声）段引文："南北曰经，东西曰纬。"

170 房 fáng

房，室在旁也。从户，方声。（形声）段注："凡堂之内，中为正室，左右为房。……房必有户以达于堂。"

171 裘 qiú

裘，皮衣也。象形。段注："裘之制，毛在外，故象毛文。" 求（求），古文裘。段注："此本古文裘字。后加衣为裘，而求专为干请之用。"

172 缪（繆）miào（姓） móu

繆，枲［xǐ］之十絜［jié］也。一曰绸缪
［móu］也。从糸［mì］，翏［liù］声。（形声）段
注："枲，即麻也。十絜，犹十束也。"《现典》："绸缪：
缠绵。成语'未雨绸缪'，谓事先做好准备。"

173 千 qiān

千，十百也。从十，人声。（指事兼形声）

174 解 xiè（姓） jiě jiè

解，判（分开）也。从刀判牛角。一曰
解豸［xiè zhì］，兽也。（会意）《辞源》："解豸，神
兽名。相传能辨曲直。"

175 应（應）yīng（姓） yìng

應，当［dāng］也。从心，雁［yīng］声。
（形声）

176 宗 zōng

宗，尊祖庙也。从宀［mián］示。（会意）
段注："示谓神也，宀谓屋也。"《古典》："甲文示（示）
象初民拜神祭天的石桌。"

177 丁 dīng

个篆 〇甲 ●金

个，夏时万物皆丁壮成实。象形。丁承
丙（《说文》丁字前为丙字），象人心。《古典》：
"丁，甲文、金文即钉之初文。象俯视所见丁头之形，
小篆作个，则为侧视钉形。"

64

178 宣 xuān

宣，天子宣室也。从宀［mián］（房屋），亘［xuān］声。段注："宣室，未央（宫殿名）前正室也。……引申为布也、明也、遍也、通也、缓也、散也。"

179 贲（賁）bēn（姓） bì

賁，饰也。从貝，卉声。彼义切（bì）（形声）。

180 邓（鄧）dèng

鄧，曼姓之国。今属南阳。从邑，登声。（形声）段注："今河南南阳府鄧州是其地。"

181 郁 yù

郁，右扶风郁夷也。从邑，有声。（形声）

《辞源》:"故地在今陕西宝鸡市东。"段注:"古假借为或字。如《论语·八佾》'郁郁乎文哉'是也。"

182 单（單）shàn（姓） dān chán

單篆 ᛰ甲 ᛳ金

單，大也。段注:"当为'大言'也。"从吅[huān]（惊呼）甲，吅亦声，阙。段注:"阙，谓甲形未闻也。""大言，故从吅。""引申为双之反对。"《古典》:"甲、金文象装有长柄的兽叉。单的本义应是捕兽的工具。"

183 杭 háng

杭，抗或从木。（《说文》无杭字，于抗字下附录此字。）段注:"今人用此字读胡郎切（háng）。乃抗之讹变。"《说文》释"抗"曰:"抗，方舟也。"段注:"《卫风》:'一苇杭之。'杭，渡也。杭即抗字。《诗》谓一苇可以为之舟也。"比照抗（从手，亢

[háng]）字，杭应为形声字。其义为渡。

184 洪 hóng

𤄷，洚〔jiàng〕水也。从水，共声。（形声）段注："孟子以洪释洚（水逆行谓之洚水）。""洪，大也。引申之义也。"

185 包 bāo

𠖚，妊也。象人裹妊，巳在中，象子未成形也。（合体象形兼声）段注："勹〔bāo〕象裹其中，巳字象未成之子也。勹亦声。"

186 诸（諸）zhū

諸，辨也。从言，者声。（此以声包意）段注："者，别事词也。诸与者音义皆同。……凡举其一，则其馀谓之诸以别之。因之训诸为众，或训为之，或训为'之於'。"

187 左 zuǒ

左，ナ[zuǒ]（左手）手相左[zuǒ]也。从ナ工。（会意）段注："左者今之佐字。说文无佐也，ナ者今之左字。……以手助手是曰左，以口助手是曰右。工者，左助之意。"梁东汉著《汉字的结构及其流变》："左、右两个字是从手的象形字分化出来的。"

188 石 shí （姓）　　dàn

石，山石也。在厂[hǎn]（山崖）之下。口[wéi]象形。（合体象形）段注："或借为硕大字，或借为祏[shí]字。祏，百二十斤也。"

189 崔 cuī

崔，大高也。从山，隹[zhuī]声。（形

68

声）段引文："崔崔，高大也。此云大高，未知孰是。"

190 吉 jí

吉，善也，从士口。（会意）《古典》："吉，甲文作🗡，𠆢象兵器，凵象存放兵器的器具。表示把兵器盛放在器具中不用。不用武器，减少战争，是人民喜庆的好事，吉利的好事。《说文》是对小篆吉字形的理解。"

191 钮（鈕）niǔ

鈕，印鼻也。从金，丑声。（形声）《辞源》："钮，印章上端提系处。"

192 龚（龔）gōng

龔，给［jǐ］也。从共，龍声。（形声）段注："此与人部供［gōng］音义同。今供行而龚废矣。"

193 程 chéng

程，程品也。十髮［fà］（头发）为程，一程为分，十分为寸。从禾，呈声。（形声）段注："品者，众庶也。因众庶而立之法则，斯谓之程品……荀卿曰：'程者，物之准也。'……十髮为程，度起于此。十髮当禾秒（禾芒）十二，故字从禾。"

194 嵇 jī

《说文·新附》嵇，山名。从山，稽省声。嵇氏（嵇康）避难，特造此字。非古。胡鸡切［xī］。《辞源》："嵇山，在安徽宿县西南。"

195 邢 xíng

邢，周公子所封，从邑，开［jiān］声。（形声）段引文："赵国襄国故邢国。"《辞源》："故地在今河北邢台县境。"

196 滑 huá（姓）　gǔ

滑，利也。从水，骨声。（形声）段注：
"古多借为汩〔gǔ〕乱之汩。"

197 裴 péi

裴，长衣皃〔mào〕（貌）。从衣，非声。
（形声）

198 陆（陸）lù

陸，高平地。从阜，坴〔lù〕声。段注：
"土部坴下曰：土塊坴坴也。然则陆从坴者，谓其有土
无石也。大徐作从阜从坴，坴亦声。"（会意兼形声）

199 荣（榮）róng

榮，桐木也。从木，熒〔yíng〕省声。

一曰屋栌［lǔ］（屋边）之两头起者为荣。（形声）段注："荣，屋翼也。……檐之两头轩起为荣。故引申凡扬起为荣。"

200 翁 wēng

翁，颈毛也。从羽，公声。（形声）段注："俗言老翁者，假翁为公也。"

201 荀 xún

《说文·新附》𦭖，艸也。从艸（草），旬声。（形声）

202 羊 yáng

羊，祥也。从丫［guāi, guǎ, guǎi］，象四足尾之形。（《说文》作"象头角足尾之形"。）（象形)《古典》:"甲文作🐑,金文作🐑,是一只有角有耳的正面羊头,代表整只羊。"

203 於 yū（姓）　yú（姓）　wū

於,象古文乌(羅)省。(象形)段注:"于於为古今字。……凡经多用于,凡传多用於。"又:"古者短言於[wū],长言乌呼。於乌一字也。《匡缪正俗》曰:'今文尚书悉为於戏[wū hū](同"呜呼"),古文尚书悉为乌呼字。而《诗》皆云於乎[wū hū](同"呜呼")。'"《现典》:"姓,音yū。"《辞源》:"姓,音yú。"

204 惠 huì

惠,仁也。从心叀[zhuān](同"专")。(会意)段注:"为惠者,必谨也。"《说文》释"叀"曰:"叀,小谨也。"

205 甄 zhēn

甄，匋[táo]也。从瓦，垔[yīn]声。（形声）段注："匋者，作瓦器也。……引申之义为察也，勉也。"

206 麴 qū

《说文》无麴字。《大典》："籟，酒母也。今作麴。"

207 家 jiā

家，居也。从宀[mián]（房屋），豭[jiā]省声。（形声）段注："按此字为一大疑案，……学者但见从豕而已……豢豕之生子最多，故人居聚处借用其字。""此篆本义乃豕之居也，引申假借以为人之居。"段玉裁对"豭省声"置疑，认为应为会意字。

208 封 fēng

對，爵诸侯之土也。从之土，从寸。寸，守其制度也。段注："合三字会意。""之土，言是（此）土也。""凡法度曰寸。"

209 芮 ruì

芮，芮芮，艸［cǎo］（草）生皃［mào］（貌）。从艸，内声。（形声）段注："芮芮……柔细之状。"

210 羿 yì

羿，羽之开［jiān］风。段注："开，平也。羽之开风，谓抟扶摇而上之状。"亦古诸侯也。段注："此谓有穷后羿。"一曰射师。段注："是尧时羿也……非有穷后羿。"从羽，开声。段注："会意兼形声。"

211 储（儲）chǔ

儲，俟［zhì］（段注："储物以待用。"）也，从人，诸声。直鱼切（chú）（形声）。

212 靳 jìn

靳，当膺［yīng］（胸）也。从革，斤声。（形声）《辞源》："驾辕两马当胸的套革。"段注："引申之义为靳固。"《辞源》："靳固，吝惜而固守。"

213 汲 jí

汲，引水也。从及水，及亦声。（会意兼形声）

214 邴 bǐng

邴，宋下邑。从邑，丙声。（形声）段注：

"下邑犹言小邑。"

215 糜 mí

糜，糁［sǎn］（以米和羹）糜也。从米，麻声。（形声）段注："引申为糜烂字。"

216 松 sōng

松，松木也。从木（树木），公声。
（形声）

217 井 jǐng

井，八家为一井，象构韩形。段注："谓井也。韩，井上木栏也。"•，瓮象也。（象形）《说文》："瓮，汲瓶也。"今人或认为是填空的装饰，或认为表示这里有水。甲、金文有的无"•"。

218 段 duàn

，椎［chuí］（捶）物也。从殳［shū］（手执工具），耑［duān］省声。（形声）“锻”下段注：“段即锻也。”《大典》：“后人以段为分段字。”

219 富 fù

，备也。一曰厚也。从宀［mián］，畐［fú］声。（形声）《说文》释“备”曰：“备，慎也。”段注：“富与福音义皆同。”

220 巫 wū

，巫觋［xí］也。女能事无形，以舞降神者也。段注：“无舞皆与巫叠韵。”《古典》：“无，即舞之初文。”象人两袖舞形。段注：“谓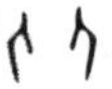也。……工，象人有规矩者。”《古典》：“甲、金文皆作，象古代巫所用道具。”

221 乌（烏）wū

乌，孝乌也。段注："谓其反哺也。" 象形。段注："鸟字点睛，乌则不。以纯黑故不见其睛也。" 陆宗达认为：鸟有点，乌无点，是用符号 "•" 来分别标识客观的不同事物。孔子曰："乌，亏［wū］呼也。" 段注："亏［wū］呼者，谓此鸟善舒气自叫。" 取其助气，故以为乌（呜）呼。段注："近今学者无不加口作呜，殊乖大雅。"

222 焦 jiāo

焦，火所伤也。从火，雥［zá］声。（形声）焦（集），或省。

223 巴 bā

巴，蟲［chóng］也。或曰：食象蛇。象形。

224 弓 gōng

弓篆 β甲 ζ金 ζ金

弓，穷也。以近穷远者。象形。古者
挥作弓。段注："挥，黄帝臣。"《古典》："甲文象张
弓之形，有弦。金文渐变去其弦。小篆、隶、楷俱作
无弦之弓。"

225 牧 mù

牧，养牛人也。从攴［pū］（象手执棍或鞭
打他物之形）牛。段注："会意。""引申为牧民之牧。"

226 隗 wěi　kuí

隗，隤隗［duì wěi］也。从阜，鬼声。五
罪切［wěi］（形声）。"隤"下段注："隤隗犹崔巍。"

227 山 shān

山 篆 𝕸 金 △△△ 金

山，宣也。谓能宣散气生万物也。有
石而高，象形。金文象三峰之形。（见《古典》）

228 谷 gǔ

谷，泉出通川为谷。从水半见［xiàn］出
于口。段注："此会意。"《古典》李孝定曰："两山分
处是为谷矣。口则象谷口也。"

229 车（車）chē （姓） jū

車 篆 甲 金

車，舆轮之总名也。象形。段注："谓象两
轮、一轴、一舆之形。此篆横视之乃得。古音居……
今尺遮切［chē］。"《古典》："甲、金字象舆轮形。"

230 侯（矦）hóu

矦，春飨所射侯也。段注："飨者，乡人饮酒也。"从人，段注："为人父子君臣者，各以为父子君臣之鹄 [gǔ]（箭靶子），故其字从人。"从厂 [hǎn]，象张布。段注："侯之张布如崖岩之状，故从厂。"矢在其下。《古典》："甲、金文侯（**𫲐𫲐**）不从人，是小篆增讹。"杨树达曰："（甲、金文侯）象射侯张布著矢之形。"（会意）

231 宓 mì

宓，安也。从宀 [mián]，必声。（形声）段注："此字经典作密，密行而宓废矣。"

232 蓬 péng

蓬，蒿也。从艸（草），逢声。（形声）

233 全 quán

仝，完也。从入，从工。（会意）段注：
"从工者如巧者之制造必完好也。"全，籀（原文作
"篆"，段玉裁认为应作"籀"。）文全。从王（玉）。
段注："今字皆从籀而以仝为同字。"纯玉曰全。段
注："说此字从玉之意。"

234 郗 xī chī（姓）

郗，周邑也。在河内。从邑，希声。丑
脂切（chī）（形声）。

235 班 bān

班，分瑞玉。从珏[jué]（双玉为珏）刀。
段注："会意。刀所以分也。"《古典》："引申为分赐、
分别、班次。"

236 仰 yǎng

仰，举也。段注："与卬［áng］音同义近。"从人卬。段注："此举会意包形声。""卬"下段注："仰训举，卬训望。今则仰行而卬废。"《说文》释"卬"曰："卬，望也。……欲有所庶及也。"

237 秋 qiū

秋，禾穀（谷）孰（熟）也。从禾，燋［jiāo］省声。（形声）

238 仲 zhòng

仲，中也。从人中，中亦声。（会意兼形声）段注："伯仲叔季为长少之次。"

239 伊 yī

伊，（伊尹）殷圣人阿衡也。尹治天下者。从人尹。（会意）段注："尹治犹言治平，此说从人尹之意。""阿，倚；衡，平也。伊尹，汤所依倚而取平，故以为官名。"

240 宫 gōng

宫，室也。从宀[mián]（房屋），躳（躬）省声。（形声）段注："宫，言其外之围绕；室，言其内。析言则殊，统言不别也。"《古典》："甲文宫宫。"罗振玉曰："从吕从吕象有数室之状。皆象形也。《说文解字》误以象形为形声矣。"

241 宁（寧）nìng（姓） níng

寧，愿词也。从丂[kǎo]，寍[níng]声。（形声）段注："其意为愿，则其言为寧，是曰意内言外。"奴丁切（níng）。段注："寍，安也。今字多假寧为盗。宁行而盗废矣。"

242 仇 qiú （姓） chóu

𠈇 ［qiú］，雠［chóu］也。从人，九声。
（形声）《说文》释"雠"曰："雠，犹应也。"释"应"
曰："应，当［dàng］也。"释"当"曰："当，田相
值也。"段注："引申之凡相持相抵皆曰当。""雠"下
段注："仇、雠本皆兼善恶言之，后乃专谓怨为雠
矣。""仇"下段注："仇与逑（《诗·关雎》：君子好
［hǎo］逑。）古通用。……仇为怨匹，亦为嘉偶。"《现
典》："仇，今只用于仇敌、仇恨，音chóu。本义'相
持相抵'已废。"

243 栾（欒）luán

欒，栾木，似栏（本名）从木，䜌［luán］
声。（形声）

244 暴 bào（姓） pù

暴，晞［xī］（干燥）也。从日出廾［gǒng］米。段注："日出而㯥手举米晒之。合四字会意。《广韵》蒲木切（pù），大徐薄报切（bào），非也。"

245 甘 gān

甘，美也。从口含一。一，道也。（象形兼指事）段注："甘为五味之一，而五味之可口皆曰甘。食物不一，而道则一，所谓味道之腴［yú］也。"《古典》："口中一为指事符号，表口中所含食物之形。"

246 钭（鐙） dǒu

鐙，酒器也。从金斝［dǒu］，象器形。（合体象形）《说文》无钭字。《大典》："钭为鐙的俗字。"

247 历（歷）lì

歷，过也。从止，厤〔lì〕声。（形声）康
殷："甲文止，象人足形。提高为意符，表示人物运动
之意。"

248 戎 róng

戎，兵也。从戈甲。甲，古文甲字。段
注："兵者，械也。……五戎谓五兵，弓矢、殳〔shū〕、
矛、戈、戟也。""甲亦兵之类，故从戈甲会意。"

249 祖 zǔ

祖，始庙也。从示，且〔jū〕声。（形声）
段注："始兼两义：新庙为始，远庙亦为始。"

250 武 wǔ

𢧐，楚庄王曰："夫武定功戢［jí］（收藏）兵，故止戈为武。"（会意）《古典》："戈，兵器，止，足趾，所以行走。象挥戈前进也。"（参247字康殷语）

251 符 fú

符，信也。汉制以竹，长六寸，分而相合，从竹，付声。（形声）《辞源》："符，古代朝廷用以传达命令、调兵遣将的凭证，以竹木或金玉为之。剖而为二，各存其一。用时相合以为征信。"

252 刘（劉）liú

鎦（鎦），杀也。从金刀，戼声。（会意兼形声）段注："戼者古文酉也。……此篆二徐皆作鎦，别无劉篆。鎦，古书罕用。……当作劉。"

253 景 jǐng

景，日光也。从日，京声。（形声）段引
文：“景，大也。其引申之义也。”

254 詹 zhān

詹，多言也。从言，从八，从厃〔wěi〕。
徐铉曰：“厃，高也；八，分也。多故可分也。”（会
意）段注：“从厃，此当作厃声。”“厃与檐同字同音。”
（按段说当为形声字）

255 束 shù

束，缚也。从囗〔wéi〕木。（会意）段注：
“囗音韦，回也。”《字源》：“在木上加了一囗，象用一
条绳子捆扎着，因以代表一切的束缚。”

90

256 龙（龍）lóng

龍篆 风甲 象金 龙金

龍，鳞蟲[chóng]之长[zhǎng]，能幽能明，能细能巨，能短能长。春分而登天，秋分而潜渊。从肉（夕），亯肉飞之形，童省声。段注："从飛，谓飞，飛省也。……（童）谓 亍也。"（合体象形兼形声）《古典》："甲、金象巨口长身之虫[chóng]，许误口为肉，登天潜渊当属神化。"

257 叶（葉）yè（姓） shè（姓） xié

葉[yè]，艸（草）木之叶也。从艸，枼[yè]声。《说文》释"枼"曰："枼，薄也。"（形声兼会意）段注："凡物之薄者皆得以叶名。"《现典》只有yè、xié两音，无shè音。成语"叶[shè]公好龙"，今改念"叶[yè]公好龙"。

258 幸 xìng

幸，吉而免凶也。段注："吉者善也，凶者恶也。得免于恶是为幸。"从屰[nì]，从夭。段注："屰者不顺也。不顺从夭死之事。会意。"夭，死之事。故死谓之不幸。段注："依韵会本：死为不幸，则免死为幸。"

259 司 sī (姓) sì (伺)

司，臣司事于外者。段注："外对君而言，君在内也。臣宣力四方在外，故从反后。"从反后。(会意兼指事)《辞源》："司：1. [sī] 主持掌管。2. [sì] 侦察，通伺。"段注："古别无伺字，司即伺字。"《大典》："后，君也。"

260 韶 sháo

韶，虞舜乐[yuè]也。从音，召[zhào]

92

声。（形声）

261 郜 gào

郜，周文王子所封国。从邑，告声。
（形声）段注："今山东兖州府武城县县东有故郜城。"

262 黎 lí

黎，履黏［nián］也。从黍［shǔ］，称省
声。（形声）称，古文利。作履黏，以黍米
也。段引文："黎，众也。众之义行而履黏之义废矣。
古亦以为黧［lí］黑字。"《大典》："按《尔雅》古人作
履，黏以黍米谓之黎。"

263 蓟（薊）jì

薊，芺［ǎo］也。从艸［cǎo］（草），劍

［qiè］声。（形声）《大典》:"芙，艸也。"

264 薄 bó（姓） bò báo

薄，林薄也。一曰蚕薄。从艸（草），溥
［pǔ］声。（形声）段注:"林木相迫（近）不可入曰
薄。……引申为厚薄之薄。……（蚕薄）养蚕器也。"

265 印 yìn

印，执政所持信也。段注:"凡有官守者
皆曰执政。其所持之卪［jié］（瑞信。瑞者，以玉为
信）信曰印。"从爪卪。段注:"会意。手所持之卪
也。""卪"下段注:"引申之凡使所执以为信。"《大
典》:"按玺章图记等通称印。"

266 宿 sù（姓） xiǔ xiù

宿，止也。段注:"凡止曰宿。夜止，其一端

也。"从宀[mián]（房屋），佰[sù]声。佰，古文夙。（形声）《古典》："甲文作𡫏，金文作𡪿，象人卧在室内席上之形。"

267 白 bái

白，西方色也。阴用事，物色白。从入合二。二，阴数。（会意）段注："出者阳也。入者阴也。故从入。"《古典》："本义难明。"康殷："白象稻米，麦粒之形，用以表示白色。"旁陌切（bó），今音念bái。

268 怀（懷）huái

懷，念思也。从心，襄[huái]声。（形声）段注："念思者，不忘之思也。……古文又多假懷为襄者。""襄"下段注："腋有所持，襄藏之义也。在衣曰襄，在手曰握。"

269 蒲 pú

蒲，水艸（草）也。可以作席。从艸，浦［pǔ］声。（形声）

270 邰 tái

邰，炎帝（神农氏）之后姜姓所封，周弃（《辞源》："弃即后稷，周的先祖。"）外家国。从邑，台［yí］声。（形声）段注："邰本后稷外家之国名。炎帝之后姜姓所封也。"《辞源》："故址在今陕西武功县境。"

271 从（從）cóng

从，相听也。从二人。（会意）段注："听（今音tīng，亦可音tìng）者聆也。引申为相许之称。"

272 鄂 è

鄂，江夏县，从邑，咢[è]声。（形声）
段注："今湖北武昌府武昌县县西南二里故鄂城是也。"

273 索 suǒ

索，艸（草）有茎叶可作绳索。从宋
[pō]（枝叶茂盛之兒）糸[mì]（细丝）。（会意）段
注："宋糸者谓以草茎叶纠缭如丝也。"

274 咸 xián

咸，皆也，悉也。从口，从戌。戌，
悉也。段注："戌为悉者，同音假借之理。"（会意）

275 籍 jí

籍，簿也。从竹，耤[jí]声。（形声）段

注:"六寸簿,见才部(才部"专"下段注曰:盖笏〔hú〕也。……即今手版也)。引申凡著于竹帛皆谓之籍。"

276 赖（賴）lài

賴,赢也。从貝,剌〔là〕声。（形声）段注:"赖,利也……或曰:江淮之间谓小儿多诈狡狯为无赖。按今人云无赖者谓其无衣食致然耳。"

277 卓 zhuó

卓,高也。早匕为卓。（会意）段注:"匕同比。早比之,则高出于后比之者矣。"

278 蔺（藺）lìn

藺,莞〔guān〕属,可为席。从艸（草）,閵〔lìn〕声。（形声）

279 屠 tú

屠，刳〔kū〕也。从尸，者声。（形声）
《说文》释"刳"曰："刳，判也。"释"判"曰："判，
分也。"

280 蒙 méng （姓）　měng　mēng

蒙，王女也。从艹〔cǎo〕，冡〔méng〕
声。（形声）段引文："蒙，王女。……唐蒙，女萝。
女萝，兔丝。"朱熹《诗集传》："蒙，菜也。"

281 池 chí

池，陂〔bēi〕也，从水，也声。（形声）
段注："停水曰池，故从也。""陂"下段注："陂言其外
之障，池言其中所蓄之水。……许池与陂互训，浑言
之也。"

282 乔（喬）qiāo

喬，高而曲也。从夭，从高省。段注："会意。以其曲，故从夭。"王筠曰："乔是木高之专字。"

283 阴（陰）yīn

陰，暗也。水之南，山之北也。从阜，侌［yīn］声。段注："按山北为阴，故阴字从阜。""阜"下段注："土地独高大名曰阜。"（形声兼会意）

284 鬱 yù

鬱，木丛者。从林，鬱［yù］省声。（形声）段引文："茂林也。"

100

285 胥 xū

胥，蟹醢〔hǎi〕也。从肉，疋〔shū〕声。
段注："蟹八跪二螯，故字从疋（足）。"（形声兼会意）
段引文："胥，蟹酱。"又："胥，皆也。"《现典》："醢，
肉鱼等制成的酱。"

286 能 nài（姓） néng tài tái

能，熊属。足似鹿。从肉，㠯〔yǐ〕声。（徐
铉等曰："疑皆象形。"）能兽坚中，故称贤能。而
强壮，称能杰也。段注："此四句发明假借之旨。
贤能、能杰之义行而本义几废矣。"《古典》："金文作
能，象形字，象熊之形。𠯑为头、耳、口，匕为足。"

287 苍（蒼）cāng

蒼，艸〔cǎo〕（草）色也。从艸，仓声。
（形声）段注："引申为凡青黑色之称。"

288 双（雙）shuāng

雙，隹［zhuī］（鸟名）二枚也。从雔［chóu］（双鸟），又（手）持之。（会意）

289 闻（聞）wén（姓）

聞，知声也。从耳，門声。（形声）段注："往日听，来日闻。《大学》曰：'心不在焉，听而不闻。'引申之，为令闻、广誉。"

290 莘 shēn（姓） xīn

《说文》无莘字。《大典》："细莘，药草。《本草纲目》作细辛。"《现典》："莘莘［shēn shēn］：形容众多。"

291 党（黨）dǎng

黨，不鲜也。从黑，尚声。（形声）段

引文："五百家为党。党，长也。一聚所尊长也。"段注："黨、曛（《说文》无曛字）古今字。"《大典》："曛［tǎng］，日不明也。"

292 翟 zhái dí

翟，山雉［zhì］也。尾长。从羽，从隹［zhuī］（鸟名）。段注："尾长，故从羽。"（会意）

293 谭（譚）tán

鄲（鄲），国也。齐桓公之所灭。从邑，覃［tán］声。（形声）段注："鄲谭，古今字也。"

294 贡（貢）gòng

贡，献功也。从贝，工声。（形声）段引文："贡，功也。九职（《辞源》中提到的九种职务。如：三农、园圃、百工、商贾……）之功所税也……

凡其所贡，皆民所有事也。"

295 劳（勞）láo

勞，剧也。从力，熒［yíng］省。熒（明火德之盛）火烧冖［mì］，用力者劳。段注："烧冖，谓烧屋也。斯时用力者最劳矣。"（会意）

296 逄 páng

《说文》无逄字。《大典》："逄，塞也（见《集韵》）。又姓也。"

297 姬 jī

姬，黄帝居姬水，因水为姓。从女，臣［yí］声。（形声）

104

298 申 shēn

甲 篆 乙 甲 𦥑 金

甲，神也。七月，阴气成，体自申束。从臼〔jū〕，自持也。吏以馎〔bū〕时听事，申旦政也。（会意兼象形）段注："从丨以象其申，从𦥑（手指正相向）以象其束。……馎者，日加申时食也。申旦政者，子产所谓朝以听政，夕以修令。"《古典》："甲、金文象云中有闪电形，乃电之初文。古人最初不了解天象的变化，认为闪电变化莫测，威力无穷，出于敬畏而称之为神。"

299 扶 fú

扶，佐也。从手，夫声。《说文》释"夫"曰："夫，丈夫（指成人，即人）也。"（形声兼会意）

300 堵 dǔ

牆，垣也。五版为堵。从土，者声。
（形声）《说文》释"垣"曰："垣者，墙也。"段引文：
"一丈为板（版），板广二尺，五板为堵，一堵之墙，
长丈高丈。"

301 冉 rǎn

冉，毛冉冉也。象形。段注："冉冉者，柔
弱下垂之皃［mào］（貌）。……《离骚》：'老冉冉其将
至。'此借冉冉为尤尤［yín］。""尤"下段注："迟疑蹢
躅［zhí zhú］之皃也。"（蹢躅：徘徊）

302 宰 zǎi

宰，辠（罪）人在屋下执事者。从宀
［mián］（房屋），从辛。辛，辠也。（会意）段
注："此宰之本义也。引申为宰制（《辞源》释宰制为
统辖、支配）。辛即辠之省。"

303 郦（酈）lì

酈，南阳县。从邑，丽声。（形声）段注：
"今河南南阳府内乡县县东北有故郦县城。"

304 雍（雝）yōng

雝，雝渠也。从隹［zhuī］（鸟名），邕
［yōng］声。（形声）段注："隶作雍。"《辞源》释雝
渠曰："水鸟名。"《大典》："雍雍，和也。"

305 郤 xì

郤，晋大夫叔虎邑也。从邑，谷［jué］
声。（形声）

306 璩 qú

《说文·新附》璩，环属。从玉，豦［qú］

声。（形声）（虡，《辞源》音 jù。）

307 桑 sāng

桑，蚕所食叶［yè］木。从叒［ruò］木。
（会意）《说文》释"叒"曰："叒，日初出东方汤谷所
登榑［fú］桑。叒木，榑桑也。"段注："榑桑者，桑
之长也，故字从叒。桑不入木部而附于叒者，所贵者
也。"《辞源》："汤谷，古代传说的日出之处。榑桑（即
扶桑），神木名。传说日出其下。"

308 桂 guì

桂，江南木。段引文："桂生桂阳（《辞源》言
其地在今湖南）。"百药之长。段引文："箘桂味辛
温，主百病，养精神，和颜色，为诸药先聘通使，故
许云百药之长。"从木，圭［guī］声。（形声）

309 濮 pú

𤁀，濮水，出东郡濮阳，南入钜野。从水，僕声。（形声）

310 牛 niú

𤘈，事也，理也。段注："事也者，谓能事其事也。牛任耕。理也者，谓其文理可分析也。"象角头三，封、尾之形也。（象形）段注："角头三者，谓上三岐者象两角与头为三也。……封者谓中画象封也。封者，肩甲坟起之处。……尾者，谓直画下垂象尾也。……牛略之者，可思而得也。"《古典》："甲文作𤘈，是牛头的正面图。∪是牛角，牛是头耳。许慎把牛误说成有头有尾的全身牛形。"

311 寿（壽）shòu

𦓐，久也。从老省，𦓐［chóu］声。（形声）

312 通 tōng （姓） tòng

𢓕，达也。从辵［chuò］（表运动、活动），甬声。（形声）

313 边（邊）biān

𨘡，行垂崖也。从辵［chuò］（表运动、活动），𥼶［mián］声。（形声）段注："垂，远边也。……户部曰：'崖，高边也。'行于垂崖曰边，因而垂崖谓之边。"

314 扈 hù

扈，夏后同姓所封战于甘者。在鄠［hù］。段注："谓夏之有扈在汉之鄠县也。"有户谷、户亭、甘亭。段引文："户、扈、鄠三字同是也。"从邑，户声。（形声）

315 燕 yān（姓） yàn

燕，燕燕（《说文》本无，为段玉裁所加），玄（黑色）鸟也。箅［niè］口，段注："故以廿象之。"布翅，段注："故以北象之。"枝尾，段注："与鱼尾同，故以火象之。"象形。《古典》："甲文作𤇄，篆书形稍失。"

316 冀 jì

冀，北方州也。从北，异声。（形声）段注："假借为望也、幸也。"

317 郏 jiá

郏，郏，颍川县。从邑，夹声。（形声）段注："在今河南汝州郏县。"

318 浦 pǔ

𣳈，水濒［bīn］（紧靠水边）也。从水，甫声。（形声）

319 尚 shàng（姓） cháng

𤖋，曾［zēng］也，庶几［jī］也。从八，段注："象气之分散。"向声。（形声）《辞源》："尚［cháng］羊，逍遥。同'徜徉'。""徜徉：徘徊、徬徨。"

320 农（農）nóng

𦦤，耕人也。从晨［chén］，囟［xìn］声。（形声）段注："庶人明而动，晦而休，故从晨。"

321 温 wēn

溫，温水，出犍[jiàn]为符，南入黔水。从水，昷[wēn]声。（形声）段注："犍为符县，今四川泸州合江县……今以为温暖字。"

322 别 bié

别，分解也。段注："分别离别皆是也。"从冎[guǎ]，从刀。（会意）段注："冎者，分解之皃。刀者，所以分解也。"

323 庄（莊）zhuāng

莊，上讳。段注："其说解当曰艸（草）大也，从艸，壮声。……引申为凡壮盛、精严之义。"庄是东汉明帝之名，不予说解，曰"上讳"，表尊敬。上，指皇帝；讳，指隐讳。

324 晏 yàn

晏，天清也。从日，安声。（形声）段注：
"晏，无云之处也。……古晏安通用。"

325 柴 chái（姓）　zhài

柴，小木散材。从木，此声。（形声）段
注："大者可析，谓之薪；小者合束，谓之柴。"

326 瞿 qú（姓）　jù

瞿，鹰隼［sǔn］（猛鸟）之视也。从隹
［zhuī］（鸟名）䀠［jù］（左右视），䀠亦声。读若
章句之句。（会意兼形声）

327 阎（閻）yán（姓）　yàn（通"艳"）

閻，里，段注："里，居也。二十五家为里。"

中门也。从門，臽［xiàn］声。（形声）段注：
"别于闾闬［hàn］为里外门也。"

328 充 chōng

充，长也，高也。从儿［rén］（即人字），
育省声。（形声）段注："《广韵》曰：美也，塞也，
行也，满也。"

329 慕 mù

慕，习也。从心，莫［mù］声。（形声）
段注："习其事者，必中心好之。"

330 连（連）lián

連，负车也。从辵［chuò］（表运动、活动）
車，会意。段注："负车者，人挽车而行，车在后如负
也。……人与车相属不绝，故引申为连属［zhǔ］字。"

331 茹 rú

茹，飤［sì］（饲）马也。从艸（草），如声。（形声）

332 习（習）xí

習，数［shuò］飞也。从羽，白［zì］（同"自"）声。（形声）

333 宦 huàn

宦，仕也。从宀［mián］（房屋）臣。（《说文》释"臣"曰："臣，事君者。"）（会意）段引文："宦谓学官事。"

334 艾 ài（姓） yì

艾，仌［bīng］（同"冰"）台也。从艸

（草），乂［yì］声。（形声）段引文："削冰令圆，举以向日，以艾于后承其影，则得火。"《大典》："艾即制火镜。"《现典》："艾，多年生草本植物。"《尔雅·释草》："冰台之义似未见使用。或只用为艾的别名。"

335 鱼（魚）yú

魚，水蟲［chóng］也。象形。鱼尾与燕尾相似。段注："其尾皆枝，故象枝形，非从火也。""枝"下段注："木别生条。"

336 容 róng

容，盛也。从宀［mián］，谷［gǔ］声。（形声）段注："今字假借为颂［róng］皃之颂。……谷，古音读如欲。"

337 向 xiàng

向，北出牖［yǒu］也。从宀［mián］（房屋），从口［wéi］。（会意）段注："亩［lǐn］下曰：从口。中有户牖。是皆从口象形也。""引申为向背字。"

338 古 gǔ

古，故也。从十口，识［zhì］前言者也。（会意）段注："识前言者口也。至于十则展转因袭，是为自古在昔矣。"徐锴曰："古者无文字，口相传也。"徐铉曰："十口所传是前言也。"

339 易 yì

易，蜥易（蝎）、蝘蜓［yǎn tíng］（《古典》："四脚蛇。"）、守宫（《古典》："壁虎。"）也。象形。段注："上象首，下象四足。尾甚微，故不象。""易本蜥易，语言假借而难易之义出焉。"

340 慎 shèn

慎，谨也。从心，真声。段注："未有不诚而能谨者，故其字从真。"（形声兼会意）

341 戈 gē

戈，平头戟也。从弋［yì］（小木桩）。段注："谓柲［bì］（柄）长六尺六寸。"—（图形。不是数字一）衡之。象形。《古典》："甲文 十 金文 f。罗振玉曰：戈全为象形。"

342 廖 liào（姓）　liáo

《说文·新附》廖，人姓。未详。当是省廫字尔。《说文》释"廫"曰："廫，空虚也。"段注："此今之寥字。"

343 庾 yǔ

庾，水漕（《现典》:"从水道运输粮食。"）仓也。从广[yǎn]（房屋），臾[yǔ]声。一曰仓无屋者。（形声）段注:"无屋，无上覆者也。"段引文:"庾，露积谷也。"《现典》:"庾，露天的谷仓。"

344 终（終）zhōng

綋，綵[qiú]丝也。从糸[mì]（细丝），冬声。（形声）段注:"綵字……疑下文緝[jí]（众丝之合）字之讹。"《古典》高鸿缙曰:"终，甲文∧原象绳端终结之形。故托以寄终结之意。"

345 暨 jì

暨，日颇见[xiàn]也。从旦，既声。段注:"日颇见者，见而不全也。《释言》曰:'暨，不及也。'此其引申之义。……《公羊传》曰:'会、及、

120

暨，皆与也。'……既，小食（日月亏蚀——日食、月食）也，日不全见，故取其意。亦举形声包会意。"《辞源》："暨：与、及、至、到。"

346 居 jū

居，蹲[dūn]也。（段认为"居住"的"居"古作"凥"，今人居处字古只作"凥"处，乃致"居"行而"凥"废矣。）从尸，古声。（形声）段注："各本作古者居从古，乖于全书之例。浅人因下云'俗居从足'而窜改讹谬耳。"

347 衡 héng

衡，牛触，横大木。从角大，行[héng]声。（会意兼形声）段注："牛触横大木，是阑闲（门遮）之谓之衡。……云大木者，字从大也。"《古典》："衡，辕前木缚轭者。"

348 步 bù

𣥂，行也。从止屮［tà］相背。（会意）段注：“《释名》曰：'徐行曰步。'止屮相随者，行步之象。相背犹相随也。”《古典》：“甲文 𣥂 金文 𣥂 表一左一右的两足，在一前一后地行走。并不相背，而是相配合。”

349 都 dū（姓）　dōu

𨛷，有先君之旧宗庙曰都。从邑，者声。周礼：距［jù］（止、至）国五百里为都。（形声）段引文：“王国百里为郊，二百里为州，三百里为野，四百里为县，五百里为都。”

350 耿 gěng

𦕿，耳箸［zhù］（附着）颊也。从耳，烓［jiǒng］省声。杜林说：耿，光也。（形声）段

注:"耿之言黏也,黏于颊也。"

351 满 mǎn

満,盈溢也。从水,㒼[mán]声。(形声)

352 弘 hóng

弘,弓声也。从弓,厶声。厶,古文
厷[gōng]字。(形声)段注:"经传多假此篆为宏大
字。宏者屋深,故《尔雅》曰:'宏,大也。'"

353 匡 kuāng

匡,饭器,筥[jǔ](圆形竹筐)也。从匚
[fāng](受物之器),㞷[huáng]声。(形声)段
注:"引申假借为匡正。"

354 国（國）guó

國，邦也。从囗［wéi］，从或。（会意）段注："邑部曰：'邦，国也。'按邦国互训，浑言之也。"《说文》释"或"曰："或，邦也。从囗，戈以守其一。一，地也。"段注："盖或、國在周时为古今字。……既有国字，则国训邦而或但训有。汉人多以有释或。"《字源》："或下一画，算领土，囗算国界，戈代表保卫的意思。"高鸿缙曰："或，即国之初字。"

355 文 wén

文，错画也。象交文。（象形）段注："错，当作逪［cuò］。逪画者这［jiāo］（会）逪（交叉）之画也。……象两纹交互也。"《古典》："甲文作 文，金文作 文。"朱芳圃曰："文即文身之文，象人正立形，胸前之 乂、🜎 即刻画之文饰也。"《礼记·王制》："东方曰夷，被［pī］（披）发文身。"后引申作花纹、文采、文字、文章等意。

356 寇 kòu

寇，暴也。从攴 [pū]（象手执棍或鞭打他物之形）完（完，全也。纯玉曰全）。（会意）《古典》："寇表示手执武器入人屋内击人头部。元（金文作 ᠊）字的本义为人头。"

357 广（廣）guǎng

廣，殿之大屋也。从广 [yǎn]（房屋），黄声。（形声）段注："殿谓堂无四壁。……覆乎上者曰屋。无四壁而上有大覆盖，其所通者宏远矣，是曰廣。引申之为凡大之称。"

358 禄（祿）lù

祿，福也。从示，录声。（形声）（福字见 503）

359 阙（闕）quē（姓）　què

闕，门观［guàn］也。从門，欮［jué］声。段注："门有两观者称阙。"《辞源》："观［guàn］，宫门前两边的望楼。"

360 东（東）dōng

東，动也。从木，从日在木中。（会意）段注："木，榑［fú］木也（即扶桑。传说太阳从此出）。日在木中曰东，在木上曰杲［gǎo］，在木下曰杳［yǎo］。"《古典》："甲文東，金文東，橐［tuó］（袋子）之初文。有底曰囊，无底曰橐，字原象两端无底以绳束之之形。后世借为东西之东。"

361 欧（歐）ōu

歐，吐也。从欠（张口出气），区声。（形声）段注："区，古音同邱。《海外经》：欧丝之野，一女子跪据树欧丝。"

362 殳 shū

殳，以杖殊人也。《周礼》：殳以积竹，八觚［gū］（棱角），长丈二尺，建于兵车。旅贲［bēn］以先驱。从又，几［shū］声。（形声）段注："云杖者，殳用积竹而无刃……。殊，断也。以杖殊人者，谓以杖隔远之。……以积竹者，用积竹为之。……合竹作杖也。……《周礼·旅贲氏》：掌执戈盾，夹王车而趋。《诗》曰：伯也执殳，为王前驱。"《古典》："甲文作殳，是手持捶物。由殳组成的字多有打击之义，如殴、毃［qiāo］。"

363 沃 wò

沃，溉灌也。从水，芺［ǎo］声。（形声）段注："自上浇下曰沃。……水沃则土肥，故云沃土。……隶作沃。"

364 利 lì

枂，铦［xiān］（锋利）也。刀和（《说文》："和，相应也。"）然后利。从刀，和省。（会意）《古典》："甲文作㓝，字象用刀割禾，并有皮屑四溅之状。故本义为割禾获利，引申为利益之利。吉利之利。"

365 蔚 yù（姓） wèi

蔚，牡蒿也。从艸［cǎo］，尉声。（形声）段注："古多借为茂郁字。"

366 越 yuè（姓）

越，度也。从走，戉［yuè］声。（形声）

367 夔 kuí

夔，即魖［xū］也。如龙。一足。从夂

128

[suī]。象有角手人面之形。（象形）段注："神魖，谓鬼之神者也。……从夊者象其一足。……ㅛ象有角。又止巳象其似人手。頁［xié］象其似人面。"（《说文》："頁，头也。"）

368 隆 lóng

隆，丰大也。从生，降［jiàng］（冬韵）声。（形声）

369 师（師）shī

師，二千五百人为师。从帀［zū］（遍），从𠂤［duī］（小阜）。康殷："阜有众意。"（会意）段引文："五人为伍，五伍为两，五两为卒，五卒为旅，五旅为师。师，众也。"又："师，教人以道者之称。"

370 巩（鞏）gǒng

鞏，以韦束也。《易》曰：鞏用黄牛之革。从革，巩[gǒng]声。（形声）段引文："巩，固也。此引申之义也。"

371 厍（厙）shè

《说文》无厍字。《大典》："姓也。"《现典》："多用于村庄名。"

372 聂（聶）niè

聶，驸（附）耳私小语也。从三耳。（会意）段注："以口就耳则为聑。聑者己二耳在旁，彼一耳居间，则为聶。"

373 晁（鼂）cháo

鼂，匽[yǎn]鼂也。读若朝。杨雄说：

"匽鼆，蟲［chóng］名。"从黽［měng］（蛙名），从旦。盖亦蟲之大腹者，故从黽。段注："其从旦之意不能详也。"《现典》:"黾（黽）［mǐn］，努力，勉力。"段注:"陟遥切［cháo］。……《汉书》鼆姓又作晁。"

⬡374 勹（句）gòu （姓） gōu

勻，曲也。从口，丩［jiū］声。（形声）段注："古音总如钩。后人句［gōu］曲音钩，章句音屦［jù］，又改句曲字为勾。此浅俗分别，不可与道古也。""古侯切（gōu），古音也。……九遇切（jù），今音也。"

⬡375 敖 áo

敖，出游也。从出放。（会意）段注:"《诗经·邶风》曰:'以敖以游。'敖游同义也。从放，取放浪之意。"《辞源》作遨，《说文》作敖。

376 融 róng

融，炊气上出也。从鬲 [lì]（炊具），蟲 [chóng] 省声。（形声）

377 冷 lěng

冷，寒也。从仌 [bīng]（冻），令声。（形声）

378 訾 zī（姓）　zǐ

訾，訾訾，不思称意也。从言，此声。（形声）段注："谓不思报称其上之恩也。"《现典》："①同赀 [zī]（计算）。②[zǐ] 说人坏话。"

379 辛 xīn

辛，秋时万物成而孰（熟），段引文："辛，新也。物初新者皆收成也。"金刚味辛，段注："谓成熟之味。"《辞源》："金刚，指五行金气。"辛痛即泣出。段注："故以为艰辛字。"从一、辛［qiān］。段注："一（符号，非数字一）者阳也。阳入于辛谓之愆阳。（《辞源》：'阳气过盛。'）"辛，罪也。段注："辛痛泣出，罪人之象。"辛承庚，象人股。（会意）《说文》释"庚"曰："庚……象人脐。"《古典》："甲文𢆶。"吴其昌曰："辛之本义为金质刃属兵形之器。"

380 阚（闞）kàn（姓）　hǎn

闞，望也。从門，敢声。（形声）段注："望者，出亡在外，望其还也。望有倚门、倚闾［lú］（里巷的门）者，故从门。《大雅》：'闞［hǎn］如虓［xiāo］虎。'谓其怒视。"

381 那 nā（姓）　nǎ　nà

𨙻，西夷国。从邑，冄［rǎn］声。（形声）

段引文："那，多也，……於（于）也，……何也。……奈何之合声。"又："那，安皃。"

382 简（簡）jiǎn

簡，牒也。从竹，間［jiān］（间）声。（形声）段注："简，竹为之。""册"下段引文："策，简也。其制，长者一尺，短者半之。其次一长一短，两编下附，札，牒也，亦曰简。""牒"下段注："牒，小木札也。按厚者为牍，薄者为牒。"《现典》："牒［dié］，簿册。""牍，古代写字的木简。"

383 饶（饒）ráo

饒，饱也。从食，尧声。（形声）段注："饶者，甚饱之词也。引以为凡甚之称。……近人索饶、讨饶之语，皆谓已甚而求已也。"

384 空 kōng（姓） kòng

空，窍也。从穴，工声。段注："今俗语所谓孔也。……司空，以治水土为职。（可知空与工义通）……形声包会意。"

385 曾 zēng（姓） céng

曾，词之舒也。从八，从曰，**囱**声。（会意兼形声）段注："曾之言乃也。……曾字古训乃，子登切（zēng），后世用为曾经之义，读才登切（céng）。……至如曾祖、曾孙，取增益层累［lěi］之意。从八者，亦象气之分散。**囱**者，囱［cōng］古文。"《说文》释"囱"曰："囱，在墙曰牖，在屋曰囱。"

386 毋 wú

毋，止之词也。段注："词者，意内而言外也。

其意禁止，其言曰毋也。"从女—（此—为符号，非数字一）。女有姦（奸）之者，一禁止之，令勿姦也。段注："会意。"

387 沙 shā

𣲘，水散石也。段注："石散碎谓之沙。"从水少。段注："会意。"水少沙见［xiàn］。段注："释其会意之旨。"《古典》："甲文 𡿧（少）是沙的本字。象细小的沙粒。"（否认水少之说。）

388 乜 niè（姓）　miē

《说文》无乜字。《大典》："姓也。又眼乜［miē］斜。"

389 养（養）yǎng

養，供［gōng］养也。从食，羊声。（形声）

390 鞠 jū

鞠，蹋鞠也。从革，匊［jū］声。（形声）段注："蹋鞠，兵势也。所以练武士……皆因嬉戏而讲练之。……今通谓之球子。"居六切（jú，今念jū）。《现典》："①古代的一种球。②抚养。③弯曲（～躬）。"

391 须（須）xū

須，颐下毛也。从頁［xié］（人头）彡［shān］。段注："彡者，毛饰画之文。"（合体象形）

392 丰（豐）fēng

豐，豆之豐满也。段注："谓豆之大者也。引申之，凡大皆曰豐。"从豆，象形。段注："曲象豆大也。"（曲，不是字，是图形。）（豆，古食肉器。）（合体象形）《古典》："豐，上部是一物器中盛有玉形，下面是豆形。故豐是盛有贵重物品的礼器。"

393 巢 cháo

巢，鸟在木上曰巢，在穴曰窠。从木，象形。（合体象形）段注："树上曰巢，巢之言高也。……象其架高之形。"《字源》："巛象三鸟，ㅌㅋ象鸟窝，加上木，就成巢字。"

394 关（關）guān

關，以木横持门户也。从門，絭［guān］声。（形声）段注："引申之，凡曰关闭，曰机关，曰关白（禀报、通知），曰关藏皆是。"

395 蒯 kuǎi

蒯（蒯），艸（草）也。从艸，叞［kuì］声。（形声）段引文："蒯艸中为索……蒯，茅之类，可为绳。"段注："不知何时，蒯改作蒯。从朋、从刀，殊不可晓。"（《说文》无叞字）

396 相 xiàng（姓）　xiāng

相，省［xǐng］视也。段注："……省视，谓察视也。"从目木。段注："会意。……按目接物曰相。故凡彼此交接皆曰相。其交接而扶助者，则为相［xiàng］瞽之相。"《易》曰：地可观者莫可观于木。段注："从木者，地上可观者莫如木也。……许盖引《易》观卦说也。"

397 查 zhā（姓）　chá

《说文》无查字。《辞源》："姓（音 zhā）。"《大典》："浮木也（木筏）（音 chá）。"《现典》："检查［chá］。山查［zhā］（楂），木名。"

398 后 hòu

后，继体君也。段注："《释诂》《毛传》皆曰：'后，君也。'许知为继体君者，后之言後［hòu］也。"

开创之君在先，继体之君在後也。析言之如是，浑言之则不别矣。"**象人之形**。段注："谓上体⼫也，⼫盖人字横写。"**从口**。《**易**》**曰：后以施令告四方**。段注："此用遗象传说从口之意。"《古典》："典籍中君主及其妻皆可称后。"

399 荆 jīng

茻，楚木也。从艸（草），刑声。（形声）
段注："楚，丛木。一名荆。是为转注。"《古典》："荆，金文作⽊，不从艸。《说文》从艸训木，说明此木短小，似草丛生，因有刺，后人称为荆棘。"

400 红（紅）hóng（姓） gōng

紅，帛（《辞源》丝织物的总称）**赤白色也**。段注："今人所谓粉红、桃红也。"**从糸**［mì］（细丝），**工声**。（形声）

401 游 yóu

𣬹，旌旗之流也。段注："旗之游如水之流，故得称流也。……又引申为出游、嬉游。俗作遊。"从㫃[yǎn]（旗游舞皃），汓[qiú]声。（形声）

402 竺 zhú

𥫗，厚也。从二，段注："加厚之意。"竹声。（形声）

403 权（權）quán

權，黄华木。从木，雚[guàn]声。（形声）一曰反常。段注："《公羊传》曰：权者何？权者反于经，然后有善也。"

404. 逯（逯）lù

逯，行谨逯逯也。段注："张衡赋'趢趚'〔lù cù〕谓局小皃，义与此同。"从辵〔chuò〕，彔〔lù〕声。（形声）（辵，表活动、运动。）

405 盖（蓋）gě（姓） gài（姓） hé

蓋，苫〔shān〕也。从艸（草），盍〔hé〕声。（《说文》释"盍"曰："盍，覆也。"）（形声兼会意）段注："盍，其形隶变作盇（盖）"，"引申之为发端语词。又不知者不言。《论语》谓之盖阙。（见《论语·子路》第三章。）"

406 益 yì

益，饶也。段注："饶，饱也。凡有馀曰饶。"从水皿。水皿，益之意也。（会意）《古典》："甲文作 𝙲，象皿中之水满而外溢，可作溢的本字。引

142

申为增益。"

407 桓 huán

桓，亭邮表也。从木，亘〔xuān〕声。
（形声）段注："师古曰：即华表也。……崔浩以为木
贯柱四出名桓。""邮"下段注："经过曰邮。"《辞源》：
"邮亭、驿馆。递送文书投止之所。"

408 公 gōng

公，平分也。从八厶〔sī〕。段注："八厶，
背私也。"八，犹背也。韩非曰：背厶为公。
段注："会意。"

409 万俟 mò qí

《说文》无万字。《大典》："万俟，复姓。万音墨，
俟音其。"

俟 [sì]，大也。段注："此俟之本义也。自经传假为竢字，而俟之本义废矣。……竢，待也。……竢俟为古今字。"从人，矣声。（形声）

410 司马 sī mǎ

司（见259）马（见52）

411 上官 shàng guān

二，高也。此古文上（上）。段注："古文上作二。……篆作丄，各本误以上为古文，则不得不改篆文之上为𠄞。"指事也。段注："指事者，不泥其物而言其事，丄丅是也。"《古典》："甲文作二，表示大物把小物托在上面。"

官，吏事君也。从宀[mián]（房屋）、𠂤[duī]（小𠂤也。俗作堆）。𠂤犹众也。段注："会意。……以宀覆之，则治众之意也。"此与师（二千五百人为师，师有众意）同意。段注："（师）人众而帀[zā]（匝）口

144

［wéi］（围）之，与事众而宀覆之，其意同也。"

412 欧阳（陽）ōu yáng

欧（见361）

陽，高明也。从阜，昜［yáng］声。（形声）段注："山南曰阳，故从阜。""阜"下段注引《释名》曰："土山曰阜。"

413 夏侯 xià hóu

夏（见154）　侯（见230）

414 诸葛 zhū gě

诸（见186）　葛（见44）

415 闻人 wén rén

闻（见289）

人，天地之性最贵者也。段注："性，古文以为生字。"象臂胫之形。（象形）段注："象其上臂下胫。"《古典》："甲文 ⺅、金文 ⺅ 象侧立之人形。"

416 东方 dōng fāng

东（见360） 方（见56）

417 赫连 hè lián

赫，大赤兒［mào］（貌）。从二赤。（会意）段注："赤之盛，故从二赤。……赫，显也……赫赫，盛兒……赫赫，旱气也……赫，炙也……皆引申之义。"

连（见330）

418 皇甫 huáng fǔ

皇，大也。从自（即白）王。自，始也。始王者，三皇。段引文："燧人为燧皇，伏羲为羲皇，神农为农皇。"大君也。段注："此说字形会意之旨。"自读若鼻。今俗以作始生子为鼻子是。段注："今俗谓汉时也。"《古典》："金文作𝌀。象冠。丷象冠饰。土象其架。皇之本义为冠。天子服之，因以为天子之称。"（异说尚多，从略）

甫，男子之美称也。段注："以男子始冠之称，引申为始也，……大也。"从用父。段注："可为人父也。"父亦声。（会意兼形声）

419 尉迟（遲）yù chí

尉，从上按下也。段引文："自上安下曰尉，武官悉以为称。"从尼，又（手）持火。段注："会意。尼，古文仁。尼又犹亲手也。"徐铉："於胃切（wèi）。"所以申缯［zēng］（《现典》："古代对纺织品的统称。"）也。段注："说手持火之意也。字之本义如此，引申之为凡自上按下之称。《通俗文》曰：火斗曰尉。"(《辞源》："申，舒展。通伸。"可知，申缯，即使缯舒展。今熨斗之功用即是。)

迟，徐行也。从辵［chuò］（表运动），犀声。（形声）段注："今人谓稽延为迟。"迟也是姓氏。

⬡420 公羊 gōng yáng

公（见408） 羊（见202）

⬡421 澹台（臺）tán tái

澹，澹澹，水摇皃［mào］（貌）也。从水，詹声。（形声）段注："俗借为淡泊字。"徒敢切（dàn）。

臺，观四方而高者也。从至，从高省，与室屋同意。段注："臺上有屋谓之榭，然则无屋者谓之臺，筑高而已。云与室屋同意者，室屋篆下皆云从至者所止也，是其意也。" ￪（之）声。（会意兼形声）

422 公冶 gōng yě

公（见408）

冶，销也。段注："销者，铄金也。仌 [bīng]（冰）之融如铄金然。故炉铸亦曰冶。《易》：'冶容诲淫。'……今言妖冶。"从仌，台 [yí] 声。段注："声，盖衍。台者，悦也。仌台悦而化。会意。"

423 宗正 zōng zhèng

宗（见176）

正，是也。从一，一（此是符号，不是数字）以止。（会意）段引文："一，所以止之也。如乍（止，从亡一）之止亡，毋（𢓜，从女一）之止姦，皆以一止之。"《古典》："正，甲文作𠙻，𢓜为人足，表示人要到住的地方去。"

424 濮阳 pú yáng

濮（见309） 阳（见412）

425 淳于 chún yú

淳，渌[lù]也。从水，臺[chún]声。（形声）（渌同漉）《说文》释"漉"曰："漉，水下皃。""漉"下段注："滋液渗漉。""淳"下注："淳，沃也。""沃"下注："自上浇下曰沃。"《大典》："淳，浓也、厚也。"

于（见82）

426 单于 chán yú

单（见182）　于（见82）

427 太叔 tài shū

泰（泰，《广韵》：太是泰的古文），滑也。从𠬞[gǒng]（辣手）水，大声。（会意兼形声）段注："字从廾水，水在手中下溜甚利也。……滑则宽裕自如，故引申为纵泰……泰侈。"太（夳）下段注："后世凡言大而以为形容未尽则作太。"

叔，拾也。从又（手），尗[shū]声。（形声）段注："仲父之弟曰叔父。叔，少也。于其双声叠韵假借之。假借既久，而叔之义鲜知之者。"《字源》："未是豆子的象形，叔是拾豆的意思。"

428 申屠 shēn tú

申（见298） 屠（见279）

429 公孙 gōng sūn

公（见408） 孙（见3）

430 仲孙 zhòng sūn

仲，中也。从人中，中亦声。（会意兼形声）段注："伯仲叔季为长少之次。……古中仲二字互通。"《大典》："仲，言位在中也。仲春、仲夏、仲秋、仲冬，亦皆当其时之中。"

孙（见3）

431 轩辕（軒轅）xuān yuán

軒，曲辀〔zhōu〕藩车也。从車，干声。（形声）段注："谓曲辀而有藩蔽之车也。""藩者屏也。……车有藩曰轩。""曲辀者，以辀穹曲而上。……曲辀，所谓轩辕也。"

轅，辀也。从車，袁声。（形声）《说文》释"辀"曰："辀，辕也。"段注："是辀与辕别也。许浑言之者，通称则一也。""轩"下段注："戴先生曰：小车谓之辀，大车谓之辕。"

432 令狐 líng hú

令，发号也。从亼〔jí〕（象三合之形）卩〔jié〕（行者所执之信）。段注："发号者，发其号呼以使人也，是曰令。……号呼者，招集之卩也，故从亼卩会意。"又："凡令训善者，灵之假借字也。"

狐，祅兽也。鬼所乘之。有三德，其色中和，小前大后。死则首丘，谓之三德。从犬，瓜声。（形声）"祅"下段注："祅省作妖，经传通作妖。"

433 钟离（離）zhōng lí

钟（见149）

離，离黄，仓庚也。段注："盖今之黄雀也。"鸣则蚕生。段引文："仲春，诏后帅外内命妇始蚕于北郊。"从隹［zhuī］（鸟名），离［lí］声。（形声）段注："今用鹂为鹂黄，借离为离别也。"

434 宇文 yǔ wén

宇，屋边也。从宀［mián］（房屋），亏（于）声。（形声）段注："宇，屋檐也。引申之凡边谓之宇。……引申之义又为大。……上下四方谓之宇……。上下四方者，大之所际（至）也。"

文（见355）

435 长（長）孙 zhǎng sūn

𣱇，久远也。段注："引申之为滋长、长幼之长。今音知丈切（zhǎng）。"从兀［wù］，从匕。段注："会意。"亾声。直良切（cháng）（会意兼形声）。兀者高远意也，久则变匕（化）𠤎者，倒亾（亡）也。段注："亡而倒，变匕之意。"《古典》："甲文作𣅀，金文作𢆉，字象人有长发之形，引申为长久之义。"

孙（见3）

436 慕容 mù róng

慕（见329）　容（见336）

437 鲜（鮮）于 xiān yú

鮮，鲜鱼也。出貉［mò］（貉）国。从鱼，羴［shān］省声。（形声）段注："经传乃假为新鲜字，又假为趖［xiǎn］少字，而本义废矣。"

于（见82）

438 闾（閭）丘 lú qiū

閭，里门也。从门，吕声。（形声）段注："二十五家为里。其后，则人所聚居为里，不限二十五家也。"

丘，土之高也。非人所为也。从北，从一。（段注：会意）一，地也。人居在北（丘）南，故从北。中邦之居在昆仑丘东南。段注："嫌人居不必在丘南。"一曰：四方高中央下为丘，象形。段注："与上会意别。"《古典》："甲文作 ⋈，金文作 ⋎，象二山峰之形，是小山也。金文变作 ⋏，小篆更误为 丘。"

439 司徒 sī tú

司（见259）

徒，步行也。从辵［chuò］（表运动），土声。（形声）段注："引申为徒搏、徒涉、徒歌、徒击鼓。……辻，隶变作徒。"

440 司空 sī kōng

司（见259） 空（见384）

441 亓官 qí guān

亓（亓，同丌），下基也。荐物之丌，象形。段注："平而有足，可以荐物。"读若箕同。居之切（jī）。

官（见411）

442 司寇 sī kòu

司（见259） 寇（见356）

443 仉督 zhǎng dū

《说文》无仉字。《大典》:"仉,姓也。孟子母仉氏。"

督,察视也。从目,叔声。(形声)一曰目痛也。《大典》:"督,姓也。"

444 子车 zǐ jū

𠂤,十一月阳气动,万物滋,人以为称。象形。段注:"象物滋生之形,亦象人首与手足之形也。"《古典》:"金文子𠂤象幼儿在襁褓之中,上为头和两手。"

车(见229)

445 颛(顓)孙 zhuān sūn

顓,头颛颛,谨皃[mào](貌)。从頁[xié](头),耑[duān]声。(形声)段注:"颛者,专也。……言能专正，天之道也。"

孙（见3）

446 端木 duān mù

𦧌，直也。从立，岩〔duān〕声。（形声）段注："用为发端、端绪字者，假借也。"

朩，冒也。冒（《说文》："冢〔méng〕而前也"）地而生。东方之行（古代五行说，木与东方相应）。从屮〔chè〕。下象其根。（象形）段注："谓𠂹也。屮象上出，𠂹象下垂。"《古典》："上象枝，下如根。"

本书中有颜（143）、须（391）、颛（445）三字，均有偏旁"页"，注音 xié，是以《说文》页字的反切（胡结）为依据的。《广韵》中"页"亦作胡结切，与《说文》同。《大典》引李阳冰语，谓"页"音首，不当音颉〔xié〕。俗以书册一翻为页，读与叶〔yè〕同。录供参考。又《古典》李孝定曰："古文頁（页）、百、首当为一字。頁像头及身，百但像头，首像头及其上发 [fà]，小异耳。"李孝定之言与李阳冰之言可相印证：頁当音首。臆以为，"页"音首可信。

447 巫马 wū mǎ

巫（见220） 马（见52）

448 公西 gōng xī

公（见408）

🐦，鸟在巢上也。象形。段注："下象巢，上象鸟。会意。上下皆非字也，故不曰会意而曰象形。"日在西方而鸟栖，故因以为东西之西。段注："此说六书假借之例。"

449 漆雕 qī diāo

𣾭，漆水，出右扶风杜陵岐山，东入

渭。段注:"此杜陵当作杜阳。杜阳,今陕西凤翔府麟游县是其地。"从水,柒 [qī] 声。(形声) 一曰:漆,城池也。段注:"城隍(护城河)有水曰池。城池谓之漆,盖古有是名。"

雕,鷻 [tuán] 也。从隹 [zhuī](鸟名),周声。(形声) 段注:"假借为雕琢、凋零字。"

450 乐正 yuè zhèng

乐(见81) 正(见423)

451 壤驷(駟)rǎng sì

壤,柔土也。从土,襄声。(形声) 段注:"壤,亦土也。以万物自生言,则言土;以人所耕而树蓺 [yì](艺,种植)言,则言壤。壤,和缓之皃。"

駟,一乘 [shèng] 也。从馬,四声。(会意兼形声) 段注:"车轭驾乎马上曰乘。马必四,故四马为一乘。"

452 公良 gōng liáng

公（见408）

良，善也。从畐［fú］（满也）省，亡声。
（形声）

453 拓跋 tuò bá

拓，拾也。从手，石声。之石切（zhí）
（形声）。摭（摭），拓或从庶。《现典》："摭，
拾取。"

跋，蹎［diān］（跌倒）也。从足，犮［bá］
声。（形声）段注："引申为近人题跋字。题者标其前，
跋者系其后也。"

454 夹（夾）谷 jiā gǔ

夾，持也。从大，夹二人。（会意）段注：
"夹者，盗窃怀物也。……大者人也。一人而二人居其

亦（腋），犹一人二亦间怀物也。故曰：从大，夹二人。"《大典》："夹（音协），姓也。"（供参）

谷（见228）

455 宰父 zǎi fǔ

宰（见302）

攴，巨也。（巨，规矩，校正圆形方形之器。）家长率教者。段注："率同達，先导也。"从又（手）举杖。（会意）

456 谷（榖）梁 gǔ liáng

榖，续也。段注："榖与粟同义，引申为善也……禄也。"百榖之总名也。段注："榖类非一，故言百也。"从禾，殼［ké］（壳，坚硬的外皮。今音qiào）声。段注："榖必有稃［fū］甲。此以形声包会意也。"

梁（见128）

457 晋（晉）jìn

𣈆，进也。从日，从㮷。段注："㮷〔zhì〕者，到也。以日出而作会意。"

458 楚 chǔ

𣐥，丛木。一名荆也。从林，疋〔shū〕声。（形声）

459 闫（閆）yán

《说文》无闫字。《大典》："姓也。"《说文》："有閻无閆。今姓谱分为二。"《现典》也肯定闫是姓。但认为阎、闫是同一个字。）

460 法 fǎ

灋（灋），刑也。平之如水。从水，廌

[zhì]（神兽名）所以触不直者去之。从廌去。（会意）段注："法之正人，如廌之去恶也。" 灋（法），今文省。

461 汝 rǔ

汝，汝水。出弘农卢氏还归山。东入淮。从水，女声。（形声）

462 鄢 yān

鄢，南郡县。孝惠三年改名宜城。从邑，焉声。（形声）段注："今湖北襄阳府宜城县县西南九里故鄢城。"

463 涂 tú

涂，涂水。出益州牧靡[mí]南山，西

北入绳。从水，余声。（形声）段引文：“金沙江
即古绳水。”

464 钦（欽）qīn

欽，欠（打哈欠）皃［mào］（貌）。从欠，
金声。（形声）段注：“钦者，倦而张口之皃也。《释
诂》曰：钦，敬也。”

465 段干 duàn gān

段（见218）

干，犯也。从一，从反入。段注：“犯，侵
也。……反入者，上犯之意。”（会意）《古典》：“甲文
作干，金文作干，为人类最初使用的武器。”

466 百里 bǎi lǐ

百，十十也。从一白。数，十十为一百。

百，白也。（会意）段注："白，告白也。此说从白之意。数长于百，可以词言白人也。"**十百为一贯**。贯，章也。段注："此类举之。……章，明也。数大于千，盈贯章明也。"

里，居也。段注："五家为邻，五邻为里。"从田从土。（会意）段注："有田有土而可居矣。"

467 东郭 dōng guō

东（见360） 郭（见144）

468 南门（門）nán mén

南，艸［cǎo］木至南方有枝任也。从宋［pō］（草木盛），羊［rěn］声。（形声）段注："南，任也。阳气任养物，于时为夏。云艸木至南方者，犹云艸木至夏也。有枝任者，谓夏时艸木畅茂丁壮，有所枝辂［gé］（遮）任载也。故从宋。"《古典》："甲文作肖。"郭沫若曰："殸钟（简化作"钟"）镈［bó］之类之乐器。”唐兰曰：“瓦制之乐器也。”

門，闻也。从二户，象形。段注：“闻者，谓外可闻于内，内可闻于外也。”《古典》：“金文門象两扉形。”

469 呼延 hū yán

呼，外息也。从口，乎声。（形声）段注：“外息，出其息也。”

延，长行也。从㢟［chān］（安步㢟㢟也），厂［yì］声。（形声）段注：“本义训长行，引申则专训长。”

470 归（歸）guī（姓）

歸，女嫁也。从止，婦（妇）省，𠂤［duī］声。（会意兼形声）段注：“当云从婦止，婦省。……婦止者，婦止于是也。”又：“凡还家者，假婦嫁之名也。”

471 海 hǎi

𣴴，天池也。以纳百川者。从水，每声。（形声）段注："九夷、八狄、七戎、六蛮，谓之四海。此引申之义也。凡地大物博者，皆得谓之海。"

472 羊舌（䑏）yáng shé

羊（见202）

䑏（䑏），塞口也。从口，氒［jué］省声。（形声）《古典》："甲文䑏，口是人口，丫即舌。丶丶象口液。象人舌从口中伸出，并有口液。"

473 微生 wēi shēng

㣲（散），眇（小）也。从人，从攴［pū］（小击也），豈省声。（会意兼形声）段注："引申为凡细之称。……微行而散废矣。"

屮，进也。象艸［cǎo］木生出土上。

（会意）段注："下象土，上象出。"

474 岳（嶽）yuè

嶽，东岱［dài］。段注："泰山为东岳。"南霍。段注："衡山，在今湖南衡州府衡山县西北。"西华［huà］。段注："今陕西华阴县是其地。"北恒。段注："恒山为北岳。"（在今河北）中大（tài，同"太"，原文作"泰"，段玉裁改成"大"）室。段注："即今河南登封县北之嵩山。"王者之所以巡狩所至。从山，狱（狱）声。（形声）㟒（屵），古文，象高形。段注："今字作岳，古文之变。"

475 帅（帥）shuài

帥，佩巾也。从巾，𠂤［duī］声。（形声）《大典》："率，同帅。"《荀子》："将率不能，则兵弱。"

476 缑（緱）gōu

緱，刀剑緱也。从糸［mì］（细丝），侯声。（形声）段引文："刀剑头缠丝为緱也。按谓人所把处，如人之喉然。"

477 亢 kàng（姓）gāng háng（吭）

亢，人颈也。从大省（人），象颈脉（几）形。（合体象形）段注："亢之引申为高也，举也，当也。……俗作肮［háng］，作吭。"

478 况（況）kuàng

况，寒水也。从水，兄声。（形声）"兄"下段注："古音……读如荒，转为去声。"《现典》："1.情形；2.况且、何况。"

479 後 hòu

後，迟也。从彳[chì]（行走）幺[yāo]
夊[zhǐ]（从后致也）。幺夊者後也。段注："幺者
小也。小而行迟，後（简化作'后'）可知矣。故从幺
夊会意。"《古典》："後，甲文作 🔲，即後之初文。🔲是
丝绳，🔲是人足。🔲表人的足被绳系[jì]缚了不能自
由向前走动。引申为先後的後。"

480 有 yǒu（姓） yòu

🔲，不宜有也。段注："谓本是不当有而有之
称。引申遂为凡有之称。"《春秋传》曰：日有
食之。从月，段注："月食之，故字从月。"又声。
（形声）段注："古多假有为又字。"《古典》："有，金文
作🔲，以手持肉，其为有无之有甚明。"

481 琴 qín

🔲，禁也。段注："禁者，吉凶之忌也。引申

171

为禁止。"段引《白虎通》曰："禁止淫邪，正人心也。"**神农所作。洞越。练朱五弦。**段注："洞当作迵[dòng]。迵者，通达也。越谓琴瑟底之孔。迵孔者，琴腹中空而为二孔通达也。"又："练（丝）者其质，朱者其色。……五者，初制琴之弦数。"**周时加二弦。**段注："文王、武王各加一弦。"**象形。**段注："象其首身尾也。"

482 梁丘 liáng qiū

梁（见128） 丘（见438）

483 左丘 zuǒ qiū

左（见187） 丘（见438）

484 东门 dōng mén

东（见360） 门（见468）

485 西门 xī mén

西（见448） 门（见468）

486 商 shāng

商，从外知内也。从向 [nè]（言之讷也），章省声。（形声）段引文："商之为言章也，章其远近，度 [duó] 其有亡 [wú]（无），通四方之物，故谓之商也。"

487 牟 mù （姓） móu

牟，牛鸣也。从牛，乙象其声气从口出。（合体象形）

488 佘 shé

《说文》无佘字。《大典》："古有余无佘。佘姓音蛇，即《汉书》荼怡之荼，省文。（荼音邪，转韵音蛇。）"

489 佴 nài（姓）　èr

佴，伙［cì］也。从人，耳声。仍吏切（èr）（形声）。段注："佴，次也。若人相次也。"

490 伯 bó（姓）　bà（通"霸"）

伯，长也。从人，白声。（形声）段注："凡为长者皆曰伯。"《古典》："父之兄为伯。兄弟中最长者为伯。"

491 赏（賞）shǎng

賞，赐有功也。从貝，尚声。（形声）

492 南宫 nán gōng

南（见468） 宫（见240）

493 墨 mò

墨，书墨也。从土黑。（会意）段注："笔墨自古有之，不始于蒙恬也。"

494 哈 hǎ （姓） hā hà

《说文》无哈字。《大典》："色洽切（shà）。① 以口歃［shà］（用口吸取）饮。② 姓也。今湖北犹有此姓。"《现典》音hǎ不音shà。

495 谯（譙）qiáo （姓） qiào

譙，娆诮［ráo náo］也。从言，焦声。才肖切（qiào）（形声）。段注："娆，扰，戏弄也。诮，

175

恚［huì］（怒）呼也。《方言》：'谯，让也。'……凡言相责让曰谯让。"

496 笪 dá

笪，答［chī］也。从竹，旦声。（形声）段注："笪者，可以挞人之物。"

497 年 nián

秊，榖（谷）孰（熟）也。从禾，千声。（形声）段引文："夏曰岁，商曰祀，周曰年，唐虞曰载。年者，取禾一熟也。"

498 爱（愛）ài

夒，行兒［mào］（貌）也。从夂［suī］（行迟），㤅［ài］声。（形声）《说文》释"㤅"曰："㤅，惠也。"其下段注："惠，仁也。仁者，亲也。""爱"下

注 : "今字假嬡（愛）为患而患废矣。"

499 阳 yáng

阳（见412）

500 佟 tóng

《说文》无佟字。《大典》:"姓也。"

501 第五 dì wǔ

（今本《说文》无第字，但《毛诗正义》卷一曾引此条。）䇘，次也。从竹弟。段注:"俗省弟作第耳。"

五（见89）

502 言 yán

𧥛，直言曰言，论难曰语。从口，辛 [qiān] 声。（形声）

503 福 fú

福，备也。从示，畐 [fú] 声。（畐，满也。）（形声兼会意）段注："备者，百顺之名。无所不顺者之谓备。"

504 百家姓终

百（见466）　家（见207）　终（见344）

姓，人所生也。古之神圣，母感天而生子，故称天子。从女，从生，生亦声。（会意兼形声）段注："尧母庆都感赤龙而生尧。……天命玄鸟降而生商，谓娀简吞鳦 [yì] 子生契。"